NOBILIAIRE

DU

BAS-LIMOUSIN,

PAR

DE BERGUES-LA-GARDE

1680

NOBILIAIRE DU BAS-LIMOUSIN

PRÉFACE

L'édifice de la nationalité et de la société françaises que l'épouvantable secousse des derniers évènements n'a pu jeter bas ni ni même ébranler dans ses bases, ce magnifique monument dont notre patriotisme est si justement fier, ce chef-d'œuvre, en un mot, n'a pas été conçu d'un seul trait de génie, il ne s'est point élevé instantanément, il n'est pas le travail d'une génération unique ; non, la nationalité et la société françaises n'ont pas une origine d'heureuses aventures et de hasards étonnants : elles représentent douze siècles de labeurs généreux et puissants dans les voies pénibles d'une autonomie illustre à créer, suivant les plans mystérieux de la Providence. *Gesta Dei per Francos !*

Quoiqu'en pensent les uns, quoiqu'en disent les menteurs, la France ne date pas d'hier : Si elle est grande dans le présent, c'est parce qu'elle fut glorieuse dans le passé; si elle compte sur l'avenir de ses enfants c'est parce qu'elle leur transmettra le patrimoine inaliénable et imprescriptible des aïeux.

Pour bien comprendre ce que nous sommes, il faut donc étudier nos éléments primitifs; c'est l'analyse de notre histoire qui donnera la seule formule, la seule solution vraie de nos questions contemporaines. Et qu'on ne s'y trompe pas ! suivant le mot d'un ministre qui eut son heure de popularité, il y a dans cette connaissance du passé, une grande vertu d'apaisement et de concorde.

Eh bien ! cherchons avec énergie à connaître ce qu'ont fait nos pères; ce sera un réconfort puissant pour nous aider à faire aussi bien, mieux même s'il est possible.

Mais pour que ce travail nous amène à des conclusions plus pressantes, tachons souvent de descendre des hauteurs quelquefois un peu nuageuses des faits généraux et cherchons quelle part plus particulière, plus intime peut nous revenir dans les événements qui ont créé notre pays ce qu'il est. C'est ainsi que nous arriverons à ressusciter vraiment l'esprit national, avec ses gloires jalouses et ses haines saintes, par l'esprit de famille, avec ses traditions d'honneur et ses fiertés du foyer.

Assurément, toutes les maisons n'ont pas une histoire à relever dans les archives de nos villes ; et chaque nom ne peut rappeler un capitaine, un juriste, un prélat célèbre, mais si les annales officielles ne peuvent dire tous ceux qui furent bons ou braves, pieux ou savants, est-ce une raison pour que les fils de ces illustres fassent fi de ces exemples, ne s'en montrent point honorés et ne les acceptent pas comme une obligation morale de marcher dans la noble voie ainsi indiquée !

Et qu'on le remarque bien, il n'y a là rien, absolument rien, qui soit contraire aux tendances contemporaines, à la démocratie intelligemment comprise.

Un orateur peu suspect d'esprit réactionnaire, un des coryphées du chœur républicain, même un radical à ses moments, M. Jules Simon, dans un très beau discours sur la famille, s'est exprimé à ce sujet-là avec une convenance parfaite : « Il ne faut pas tout blâmer, dit-il, il faut tâcher de tout comprendre. L'aristocratie héréditaire avait ses conséquences déplorables, mais au fond ce n'était pas seulement des parchemins qu'on était fier, on l'était aussi des souvenirs. Le nom était, pour les hommes de ce temps, ce qu'est le drapeau pour le soldat. Les gens qui n'ont vu la caserne que par dehors croient qu'on n'y apprend aux soldats que la charge en douze temps ; mais ceux qui ont porté le mousquet, qui ont vécu de cette vie-là, savent bien que la première chose qu'on y enseigne, c'est la religion du drapeau. Le drapeau, entendez-le bien, c'est l'honneur. Dans les anciennes familles, le nom de la famille, c'était le drapeau, — et chacun de ceux qui le portaient se disait : il sera après moi porté par mes descendants, il faut que je le transmette sans tache. Quand un homme se dévouait dans une grande occasion et faisait un acte héroïque, il pensait à ceux que sa bannière couvrirait, à cette postérité qui dirait un jour : Moi, je descends de d'Assas ! »

De l'aveu de l'auteur de la *Politique radicale,* ce sera donc un sentiment très louable que rechercher, chacun pour son nom et sa maison, la part prise par ses aïeux dans ces longues et pénibles évolutions qui, comme nous le disions en commençant, ont fait la France telle qu'elle est.

C'est là l'objectif de ce livre.

L'auteur n'a pas voulu se jeter dans les controverses historiques et politiques : il a essayé simplement de rappeler aux familles de ce pays les rôles de leurs ancêtres dans ces périodes agitées où se formait petit à petit par l'Idée et par la Force, à travers mille péripéties, la civilisation et la société modernes.

Cette œuvre n'avait pas encore été tentée pour le Bas-Limousin.

D'Hozier, Saint-Allais et autres ont écrit des volumes qui ne peuvent être à la disposition de la plupart des gens ; les ouvrages de Milleville, de Roger et de Magny sont trop coûteux et ont été publiés à un trop petit nombre d'exemplaires pour figurer dans toutes les bibliothèques ; les uns et les autres affectent, d'ailleurs, de trop embrasser pour être intéressants au point de vue de la province ou du département.

Il existe un *Nobiliaire de la généralité de Limoges* par Nadaud (réédité par l'abbé Roger Pierrefitte), mais on ne peut se procurer cette œuvre, dont un exemplaire se trouve à la bibliothèque nationale.

Enfin, on assure qu'à la bibliothèque de l'Arsenal (aujourd'hui brûlée) on voyait aussi un *Nobiliaire du Limousin* et que les mêmes renseignements sont placés à la fin du tome VIII des *Archives généalogiques et historiques de la Noblesse de France* par Lainé.

Plus modeste, l'étude contenue dans ce volume ne comprendra que l'ancien Bas-Limousin, le département de la Corrèze ; mais elle sera d'autant plus consciencieuse, que l'auteur n'a spéculé sur la vanité de personne pour dénommer des souscripteurs généreux ou pour omettre volontairement ceux qui ne s'intéressent pas à cette publication.

La noblesse du Limousin fut célèbre entre toutes et elle était tenue en grand honneur ; aussi, voit-on les papes Pascal II, en 1115, et Adrien IV, un siècle plus tard, conserver aux maisons nobles du pays le privilége des tombeaux dans les cloîtres des abbayes. Baluze s'exprime ainsi à ce sujet : « Pascal défendait aux moines de Tulle de refuser dans leur cloître la sépulture aux chevaliers de Bar, de Gimel, de Voutezac, de Seilhac, de Saint-Chamant, de Saint-Germain, de Sainte-Fortunade, de La Garde, de Saint-Clément, de Naves, de Laroque, de Champagnac, de Lentilhac, de Tulle et à tous les vicomtes de Turenne, de Comborn et de Ventadour. »

Toutes les familles d'illustre et ancienne chevalerie du pays n'ont pas aujourd'hui des représentants dans la Corrèze, de même que beaucoup se sont éteintes ou se sont unies à d'autres maisons. Les de Veyrières ont fait disparaître les du Laurens, d'Astaillac ; Sédières, Lentilhac, Gimel et d'Albiars font aujourd'hui Lentilhac de Sédières, de La Rode est Sclafer de La Rode ; l'antique maison de Payrac, plus connue encore sous le nom de Jugeals, fut continuée par Veillant ; et, enfin, Turenne, Comborn, Ventadour et Pompadour ont passé successivement par des alliances dans des maisons qui n'étaient plus de la lignée des Ebles et des Lastours, ces héros de la féodalité, avec les Malemort, les Laroche-Canillac, etc., pour s'évanouir à jamais.

Lainé et plusieurs autres ont donné des renseignements fort inexacts sur la noblesse du Bas-Limousin. Il faut être du pays, il faut connaître les noms des localités et des familles pour bien distinguer le vrai du faux. Afin de moins se tromper, on peut consulter les signatures apposées au *Cahier des Doléances de la Noblesse du Bas-Limousin*, publié par MM. de Barthélemy et de La Roque. Là, nous retrouvons de la Serre, de Sainte-Marie, Sclafer de La Rode, de Ferrières, de Sauvebœuf, de Cardaillac, d'Estresses, d'Antissac, de Plas, de Curemonte, de Lostange (ancien), de Lostange (moderne), de la Brande, de Cayssac, de Corn, de Gontaut, Darche de Veaurs, etc., mais encore les noms ont été souvent défigurés et il a fallu même en rectifier plusieurs.

Malheureusement, un certain nombre de familles nobles de notre pays ne figureront pas dans ce volume : n'ayant pas encore recueilli tous les renseignements relatifs à la composition de leurs dossiers distincts, l'auteur n'a pas voulu donner des notices inexactes. Qu'on ne l'accuse donc pas de partialité et qu'on ne lui attribue pas l'intention d'avoir voulu blesser des personnes honorables ; mieux informé, plus tard, il essaiera de publier un supplément qui complétera le modeste travail qu'il offre aujourd'hui à la bienveillance du public.

Puissent ces quelques souvenirs de famille, dérobés à l'histoire d'une province glorieuse, porter avec eux un enseignement fécond, et, à cette heure triste et sombre où la France a besoin de tant de dévouements, rappeler avant tout cette belle maxime de la chevalerie bien comprise et dignement portée : NOBLESSE OBLIGE !

AGES.

Famille originaire du Limousin (Marche limou-
sine), qui figure dans le *Nobiliaire d'Auvergne* comme
possédant le fief de Monestier en 1422.

L'*Armorial* de 1450 dénomme Pierre des Ages.

M. Bouillet dit que plusieurs membres de cette
famille ont été admis au chapitre de Brioude, de
1344 à 1557. — Elle existait encore en Berry un peu
avant 1789.

Armes. — D'argent au lion de sable couronné d'or,
armé et lampassé de gueules.

———

AMBERT.

Les d'Ambert, dont le nom primitif était Ambert, sans la particule, sont originaires de la vicomté de Turenne.

Jean-Joseph d'Ambert de la Tourette, nommé officier dans les gardes françaises, le 16 novembre 1746, produisit un certificat de d'Hozier, attestant qu'il avait noblesse suffisante pour entrer dans ce régiment. On faisait remonter sa filiation à l'an 1560.

A cette date, en effet, nous trouvons Baltazar Ambert, écuyer, établi à Curemonte (canton de Meyssac).

Antoine, son fils, né en 1584, possédait la seigneurie de Lajouanie et le fief de Lacoste. En 1627, il acquit de noble Jacques de Coly la seigneurie de Sérilhac. Dès ce moment, les Ambert se divisent en deux branches : 1° de Lajouanie ; 2° de Sérilhac, par suite de la possession de la seigneurie de Sérilhac par Léger Ambert, fils d'Antoine.

Jean-Joseph, dont nous avons parlé en premier lieu, sous-lieutenant aux gardes françaises, vit sa terre de la Tourette érigée en marquisat en 1749.

Mathieu, qui mourut le 3 avril 1644, est le premier qui signe d'Ambert.

Sous Louis XIV, Etienne Ambert était brigadier des gardes-du-corps. A partir de 1680, on perd la trace des Ambert de Curemonte ; la branche des marquis de la Tourette, fixée en Quercy, disparaît également ; mais le général baron Ambert, qui était conseiller d'Etat sous l'Empire et maire du VIIIe arrondissement de Paris, représente, à notre avis, la souche principale.

La terre de Sérilhac était située dans la commune de Moustier-Ventadour. C'est là que vint s'établir Ambert (Léger), dans le château dit le *Petit-Ventadour*, que le duc Ebles avait donné à son voisin, le seigneur de Sérilhac.

Isaac d'Ambert, mort en 1860, a été membre du Conseil général de la Corrèze.

ALLIANCES. — De Lestang, Brun, La Boudie, Coly de Peyrat, de Laporte, Cosnac, de Maumont, La Bourgade, Gaye, Loyac, Lauthonnye, Laguesle, Bey de Lacombe, Laverine, etc.

ARMES. — D'azur au lion de sable, armé et lampassé de gueules.

L'écu timbré d'un casque en profil (anobli).

ANGLARS.

Les d'Anglars, seigneurs de Bassignac, ont une communauté d'origine avec les d'Ussel, seigneurs d'Anglars, dans la paroisse de Sainte-Marie-Lapanouse (canton de Neuvic). Le premier d'Anglars apparaît en 1320 comme rendant hommage à Ebbles VIII, vicomte de Ventadour.

Le 7 juillet 1407, Astorg d'Anglars épouse Dauphine d'Ussel et en 1408 Marguerite de Rochedagour.

Il en résulte trois branches :

1º Celle de Georges d'Anglars qui marie sa fille unique à Claude de Montfaucon, baron d'Alaisu de Vezenobre ; de cette union, Jeaulin de Montfaucon, dame d'Anglars et d'Ussel qui transmet la succession à la famille de la Croix de Castries ;

2º Celle de Jean, seigneur de Saint-Victour, qui disparaît en 1573 dans la maison de Saint-Nectaire ;

3º Celle de Jean II, époux de Françoise de Bassignac.

ILLUSTRATIONS. — Des chevaliers de Saint-Louis, des commandants de place, un lieutenant du roi à la Martinique, un gouverneur du Château-Trompette, un lieutenant des maréchaux de France.

ARMES. — De sable au lion d'argent armé, lampassé et couronné de gueules, accompagné de trois étoiles d'argent.

ANTEROCHE.

(*Alias* D'ANTERROCHES).

Cette famille, originaire d'Auvergne, aujourd'hui établie dans le canton de Beaulieu, descend de Guillaume de Traverse qui était médecin de Louis XI. Son fils ou son petit-fils acheta le château d'Anterroche en Auvergne.

Etait de cette maison, le savant Chappe d'Anterroche, né à Mauriac en 1722 et qui mourut à San Lucar en 1769. On sait que le neveu de celui-ci, Chappe Claude, a inventé le télégraphe officiel.

A propos des d'Anterroche, on ne doit pas oublier de parler du comte d'Anterroche, lieutenant des grenadiers à la bataille de Fontenoy. Après le salut réciproque, lorsque milord Charles Hay, capitaine aux gardes anglaises, s'écria en français : « *Messieurs des Gardes françaises, tirez !* » — Le comte d'Anterroche répondit en anglais : « *Messieurs nous ne tirons jamais les premiers, tirez vous-mêmes.* »

Les Anglais firent alors un feu roulant, par divisions, qui emporta le premier rang des Français avec environ trente officiers supérieurs. — Brave noblesse française !

ILLUSTRATIONS. — Un évêque de Condom, sacré en 1763 ; un lieutenant-général, mort en 1785.

ARMES. — D'azur à la bande d'or, chargée de trois

2

mouchetures d'hermine, accompagné de deux croisettes d'or, une en chef, une en pointe, surmontées en chef de trois ondes d'argent.

ASTORG.

Pedro d'Astorg, chevalier castillan, vint en France avec Raymond de Saint-Gilles, comte de Toulouse. Tous les deux avaient combattu contre les Maures d'Espagne et s'étaient liés d'amitié. Pedro obtint la seigneurie de Noaillac, dans la vicomté de Turenne, en 1268. Il suivit le comte de Toulouse en Palestine. En 1250, sa fille, Doulce Astorg, épousa Elie de Noailles et lui porta en dot la terre de Noaillac. Au retour de la croisade, Pedro se fixa en Languedoc.

Pierre II° du nom, son fils, était à la bataille de Muret avec Simon de Montfort.

On trouve ensuite : Pierre IV, grand échanson du roi Charles VI ; Aguezi, gouverneur de Ferrare, cardinal du titre de Saint-Eusèbe, mort en 1494 ; Antoine, gouverneur pour le roi Charles IX dans les diocèses de Toulouse, Lavaur et Saint-Papoul ; Bernard, comte d'Aubarède, lieutenant-général en 1770 ; Louis, marquis de Roquepine, aussi lieutenant-général et qui s'est distingué à Dettingen et à Mahon.

ALLIANCES avec d'Aubigné, Boufflers, Castelnau, Choiseul, Gaillard, Gélas d'Ambres, Grammont d'Aster, Noailles, etc.

ARMES. — D'or à l'aigle éployée de sable.

BAR.

La famille de Bar, dont le nom patronymique est del Peyroux ou du Peyroux, est originaire du canton d'Argentat où elle est encore domiciliée.

Denis de Bar, élu évêque de Tulle par Louis XI, se fit remarquer par ses talents et par la publication d'un ouvrage intitulé l'*Astronomie judiciaire*, qui est un spécimen curieux des idées du temps. Jacques de Bar, écuyer, est dénommé dans le testament d'Anet de La Tour, frère du vicomte de Turenne (1475) (1).

Le 18 mars 1739, d'Hozier donne un certificat de vérification des titres suivis depuis 1540 sans interruption et sans aucune *dérogeance*, constatant que les sieurs Etienne-Joseph-Guillaume et Pierre del Peyroux, écuyers, sont en droit de jouir de tous les priviléges, franchises, droits et honneurs dont jouissaient les anciens nobles du royaume.

La filiation est établie régulièrement par actes jusqu'en 1660 où apparaît Jacques-Paulin del Peyroux, écuyer, seigneur de Bar.

ALLIANCES avec les familles de Leige, du Bac, de

---

(1) Dans ce testament, Anet de La Tour donne au vicomte, son frère, le château et la seigneurie de Servières. Dans le XVIIIe siècle, Servières était encore une châtellenie relevant de l'abbaye d'Aurillac, exerçant droits féodaux, recevant des hommages et ayant *justice* séparée de celle de Turenne.

Pommerie, d'Audubert, de Graffeuilhe, de Clare, de Combarel, de Lacambre, de Cautine, de Payrac de Jugeals, Salvage de Clavières, de Lamberterie, etc.

ARMES. — De gueules à la bande d'or au chef d'azur chargé de trois étoiles d'or.

RÉSIDENCE. — Argentat.

BELINAY (DE BONAFOS).

Le nom patronymique de cette famille est *de Bonnafos* ou *Bonafos*, et, suivant la tradition, elle est d'origine italienne. On trouve, en effet, à Florence des Bonnafossas, bon fossé, bonne forteresse.

Les de Bonnafos sont connus en France dès le XII° siècle : il existe même plusieurs familles de ce nom et il serait difficile aujourd'hui de dire d'une manière certaine à laquelle appartiennent les premiers Bonnafos dont les annales historiques font mention.

Les actes publics donnent aux Bonnafos le titre de baron et les disent seigneurs de Châteauvieux, du Pratel, de la Mothe, de Bélinay, de la Salle, de Roussille, de Boissac, de Muratel, etc., etc. Pierre-Robert de Bonafos fut témoin d'une donation faite par Pierre de Roses à l'abbaye de Dalon (cartulaire de Dalon). Pierre Bonafos de Tallende se trouve au nombre des Templiers jugés à Paris, de 1310 à 1312.

Les registres de la cour des ordres de Clermont attestent que sous Louis XIII et sous Louis XIV, les membres de la famille de Bonafos possédaient le titre de baron; qu'ils avaient fourni des commensaux de la maison du roi, des gentilshommes de sa chambre, des chefs de cavalerie et qu'ils avaient occupé les plus hautes charges dans les villes capitales de l'Auvergne.

ALLIANCES avec les maisons de Foix, de Scorailles,

de Gousserand, de Lavalette-Parisot, de Bubis, de Brezons, de la Salle, de Verdonnet, etc., etc.

Les deux branches existant aujourd'hui sont cel les 1º des barons de Bonnafos de la Mothe, 2º des barons de Bonafos de Bélinay.

L'auteur connu de ces branches est Jean Bonafos, écuyer, seigneur du Pratel, qui épousa, en 1539, Marguerite de la Vigesse.

A l'assemblée de la noblesse pour les Etats-Généraux de 1789 assistèrent MM. de Bonafos de la Roussille, de la Mothe et de Bélinay. Plusieurs membres des deux branches de cette famille signèrent l'acte de coalition de 1791.

Armes. — D'azur à trois colonnes d'ordre toscan d'or, à la bordure de même.

BESSE.

Cette famille est originaire de Rosiers-d'Egletons. Raoul de Besse fut inféodé en 1249 par Raymond, vicomte de Turenne. En 1314, Jacques de Besse se marie avec Almodie de Rosiers, sœur du pape Clément VI. Son fils, Nicolas de Besse, fut évêque de Limoges en 1343 et cardinal de 1344 à 1369. Son frère, Pierre de Besse, ayant contracté mariage avec Marguerite de Thiers, vint s'établir en Auvergne dans la seigneurie de Volaure. Son fils, Guillaume de Besse, mourut sans postérité. Il eut aussi trois filles : 1° Agnès, mariée au seigneur de Rochefort ; 2° Hyacinthe, mariée à Jean de Pierre-Buffière ; 3° Marguerite, mariée à Cubard de Chaseron.

ILLUSTRATION. — Pierre de Besse, né à Rosiers en 1550, fut prédicateur de Louis XIII : il était chanoine de l'église Saint-Eustache à Paris.

ARMES. — D'azur aux chevrons d'or.

BORT.

Nous avons, dans la décadence de la maison de Bort, un exemple frappant de l'instabilité des grandeurs humaines.

Cette lignée nombreuse est aujourd'hui représentée par des paysans et des manouvriers, dont le nom se transforme et devient Debort tout en un mot. Nous en trouvons à Seuillac, près de Tulle ; dans le canton de Neuvic et à Eygurande.

Il s'agit pourtant ici d'une famille très ancienne, très considérée et qui a brillé dans les annales de notre province.

Elle tire son nom de la ville de Bort, seigneurie puissante, et elle y ajoutait celui de Pierrefite, du château-forteresse situé sur un versant qui dominait leur baronnie et une partie du Cantal et du Puy-de-Dôme.

La branche aînée n'a entièrement disparu qu'en 1854, par la mort d'Octavius de Bort, un des derniers chevaliers de Malte.

En 1115, nous voyons un de Bort, aidé par les seigneurs de Savine, de Saint-Julien et de Ventadour, fonder et doter le prieuré de Notre-Dame de Bort (ordre de Cluny), et en 1164, au retour de la croisade, deux membres de cette famille y apportent les reliques de Saint-Germain, patriarche de Constantinople, et de Saint-Benoît, évêque de Gap.

Renaud, Bernard et Bertrand de Bort figurent dans le procès des Templiers de 1309 à 1314.

A partir de Roger de Bort de Pierrefitte, marié à Marguerite de Chalus en 1345, la descendance est parfaitement établie et donne des alliances avec les familles de Lostanges en 1370 ; de Florac en 1395 ; de Longevergne en 1452 ; de Saint-Avit en 1471 ; de Puychaud en 1510 ; de Murat en 1560 ; de Balzac en 1585 ; de Duzon en 1606 ; de Mont-Clar en 1631 ; de Lesboulières en 1655 ; de Gion en 1680 ; de Murat en 1699 ; Brun en 1726 ; d'Auberg de Saint-Julien en 1757 ; etc.

Jean de Bort, seigneur de Pierrefitte, paraît dans un accord entre Robert de Chabannes et Hugues d'Ussel, le 3 novembre 1395.

Joseph de Bort, marié en 1757 à Marie d'Auberg de Saint-Julien, eut deux fils : 1º Antoine qui, sous la Terreur, fut incarcéré à Ussel ; 2º Octavius, commandeur de l'Ordre de Malte, qui fut fait prisonnier par Napoléon après le siége de la ville et qui est mort en 1861 maire de la ville de Bort.

Branches : 1º celle de Bort de Longevergne, paroisse d'Anglars (Cantal), éteinte en 1493 ; 2º celle de Montágout, paroisse de Condat, s'éteignit en 1723 ; 3º celle des seigneurs de Cheyssac de la Courtade (Cantal) ; 4º celle de Saint-Salvadour, qui paraît appartenir à l'une des branches les plus anciennes.

Une épitaphe qu'on trouve dans l'église de Saint-Salvadour exalte la gloire militaire d'un membre de cette famille :

De Bort qui, dans l'horreur de Mars et de Bellonne,
N'a pu être vaincu par nul humain effort,
gît dedans ce tombeau par la rigueur fellonne
De la Parque meurtrière et de la pasle mort, etc. »

3° Les de Bort-de-Beaune (Saint-Angel) peuvent être considérés comme les véritables héritiers du nom. C'est la dernière branche sortie du château de Pierrefitte.

ARMES. — D'or à un sautoir dentelé de gueules. Elles ont été modifiées en 1699 et enregistrées à l'armorial général de la manière suivante : de gueules à un sautoir d'or (Registre *cotté* Limoges). Les de Bort de Cheyssac de la Courtade portaient : d'azur au sautoir d'or accompagné d'une étoile du même en chef.

BOUSQUET DE SAINT-PARDOUX.

La famille du Bousquet sort en ligne directe de Lajaumont et a pris le nom de Saint-Pardoux d'une terre située dans le canton de Donzenac.

Elle a de nombreux services dans l'armée ou à la la cour. Elle compte trois chevaliers de Saint-Louis et un chevalier de l'ordre royal des Deux-Siciles.

Ses alliances directes et par rang de date depuis l'an 1500, sont : de Lajaumont, du Aulhier, de la Pomélie, de Neuvillars, de Lachaud, de Fontanges, Lassagne de Saint-Georges, Cosnac, La Celle, Laurencin, Foucauld, Santo-Domingo, Vaugiraud, Brion.

Armes. — Aux 1 et 4 de gueules au chef d'azur chargé de trois molettes d'éperon d'or — écartelé aux 2 et 3 d'azur à la bande d'or, accosté de 6 étoiles d'or en rang (qui est de Lajaumont).

L'écu timbré d'une couronne de comte.

Résidences. — Les châteaux de Saint-Pardoux et des Picquets.

———

BOY DE LACOMBE.

Cette famille, dont le nom apparaît souvent dans les annales du Bas-Limousin, acquit, des Scorailles, les seigneuries de Roussilhe et de Lamazière. Elle est généralement connue sous le nom de cette dernière terre.

François Boy de Lacombe fit partie des gentils-hommes qui prirent part aux assemblées de la noblesse pour l'élection des députés aux Etats-Généraux de 1789. Il était conseiller du roi en 1776, rapporteur du point d'honneur en la sénéchaussée de Tulle. Après lui viennent Etienne-Louis, officier de la Légion d'honneur, et Bernard, lieutenant dans les gardes d'honneur. Jean-Baptiste, autre fils de François, ancien lieutenant de cavalerie dans les gardes du corps de Louis XVIII, fut membre du Conseil général de la Corrèze et maire de Lamazière. Son fils est chevalier de la Légion d'honneur. Il a aussi représenté longtemps le canton d'Egletons au Conseil général.

ALLIANCES. — Savradin de la Forse, en 1690; d'Espinet, en 1720; de Dienne, en 1778; de Tournemire, en 1787; de Montmaur, en 1821; et depuis, La Forse, Meynard, Lauthonnie, d'Ambert.

ARMES. — D'or à l'arbre de sinople.

———

BOYSSEULH.

Maison fort ancienne et dont le nom figure aux croisades. L'an 1114, Géraud est témoin d'une charte à l'abbaye de Dalon. On voit, le 2 septembre 1298, Géraud III combattre avec le sire de la Fage devant plusieurs nobles du Limousin, du Quercy et du Périgord. Jacques devient maréchal de camp en 1652. Charles, mort en 1780, était lieutenant-colonel. François, mort en 1808, mestre-de-camp de cavalerie, avait été page de Louis XV, capitaine au régiment de Lusignan et colonel du régiment de Noailles. C'est lui qui, en 1747, fut chargé de porter à la reine la nouvelle de la victoire de Fontenoy.

La maison de Boysseulh s'établit en Auvergne, où elle est encore représentée au milieu du XVIIIe siècle.

ALLIANCES avec les Martres, Estaing de Ravel, de Prades, etc.

ARMES. — D'argent à la bande de sable chargée de trois larmes d'argent à la bordure de sable ornée de larmes d'argent et de gueules.

BRAQUILANGES.

Cette famille dont on orthographie aujourd'hui mal le nom en écrivant *Braquillanges*, est d'origine piémontaise. Des documents semblent la faire remonter en France à l'an 1399 : un fait certain, c'est son établissement dès le xvie siècle dans la paroisse de la Chapelle-Espinasse. Il existe à ce sujet des actes qui prouvent le droit des Braquilanges, seigneurs de Mortegoutte, de nommer à la vicairie de Saint-Gilles, droit qu'ils tenaient d'Antoine de Lestang et qui leur fut contesté, sans résultat, par Antoine de Boisse, seigneur de Pondonnet. Ils avaient, en outre, un droit de sépulture dans l'église de Tulle, devant l'autel de *Monsieur Saint-Roch*.

Nombre des membres de cette famille figurent dans les annales du Bas-Limousin, dans nos assemblées parlementaires et dans l'armée.

ALLIANCES. — Dauphin de Leyrat, Lasselve, Beyssac, Valon, Leymarie, Vassal, d'Aigrepont, etc.

ARMES. — D'azur au chevron d'or, accompagné de trois tafs de même : deux en chef, un en pointe.

CRI DE GUERRE. — « *Aux trois tafs !* »

DEVISE. — *Quoderigit virtus, sustinet animus.*

————

BRUCHARD.

Ancienne maison du Périgord ayant pour résidence le château de Monmady, qui fut brûlé et
pillé par une bande de partisans. Les titres réguliers
disparurent en partie dans cet incendie. Le Parlement de Bordeaux, en vertu de lettres expresses
du roi Henri II, en 1563, envoya un commissaire
pour faire payer les rentes dûes, comme avant l'incendie. Ce désastre motiva une enquête qui établit,
par un acte de notoriété publique, que la famille de
Bruchard appartenait à la plus ancienne noblesse
chevaleresque du pays.

M. d'Aguesseau, intendant en Limousin, relate le
même incendie, la perte des titres et établit la généalogie de cette famille depuis le XVIe siècle. Un
grand nombre de titres retrouvés depuis ont permis
de reconstituer la filiation de 1336 à 1789. Une autre série de documents, pris dans les cartulaires, per-
met de la faire remonter, d'une manière authentique,
jusqu'au XIIe siècle.

Les armes de Bruchard étaient sculptées sur une
des portes de la ville de Périgueux. Des inscriptions
sur des tours et à la voûte de plusieurs églises relatent les hauts faits des membres de cette famille qui,
pendant plus de huit siècles, a fourni des officiers à
nos armées.

La maison de Bruchard s'est divisée en deux branches principales : celle des seigneurs de la Pomélie (qui

possède encore la terre de ce nom) et celle de Chalard dont le manoir, échu à un membre sans héritiers mâles, a passé à d'autres propriétaires.

Jean-Louis de Bruchard, officier aux gardes françaises, chevalier de Saint-Louis, habitait Allassac et, en 1824, vint se fixer au Lonzac.

La branche qui habite la Corrèze est aujourd'hui représentée par Jean-Louis et Jean-Baptiste, généraux de brigade, Edouard et Martial-Charles, officiers supérieurs.

Les Bruchard étaient seigneurs de Jumilhac, Saint-Yrieix, Monmady, Saint-Avit, Marniac, La Fayolle, Lages, Le Vivier, La Pomélie, Léontignac, Chalard, etc.

ALLIANCES. — Noailles, Laurière, Lussant, Saint-Chamans, Belcier, Saillant, d'Escar, La Pomélie, du Bousquet, du Chatenet, d'Hautefort, de Bourbon-Busset, etc.

ARMES. — D'azur à trois fasces d'or ; à la bande de gueules brochant sur le tout.

L'écu timbré d'une couronne de comte.

CARBONNIÈRES.

La baronnie de Carbonnières est située sur les limites du Limousin et de l'Auvergne.

Guillaume de Carbonnières était abbé du monastère de Tulle (1070-1110) ; il était fils de Rigal de Carbonnières et d'Unie de Comborn.

La famille de Carbonnières s'est divisée en plusieurs branches, qui habitent l'Auvergne, le Limousin, le Périgord, la Marche et le Berry.

ALLIANCES avec Aurillac (1204), de Guillem (1264), de Scorailles (1319), Gimel, Gironde, Gontaud, du Pestel, du Pouget, de Rilhac, de Senneterre, de Tremouilles, de Vassal, de Foucauld, etc.

TITRES. — Barons de Carbonnières et de la Capelle-Biron, seigneurs de Merle, de Pénières, de La Borthe, de Joyac, d'Archiniac, de Saint-Brice, etc.

ILLUSTRATIONS. — Des chevaliers de l'ordre du roi, des gouverneurs de places, des gentilshommes de la chambre, des maréchaux-de-camps, etc.

ARMES. — D'argent, à trois bandes d'azur, accompagnées de huit charbons de sable allumés de gueules, posés entre les bandes : 1, 3, 3, 1.

CARDAILLAC.

Maison originaire du Quercy, mais qui a long-temps habité le Bas-Limousin.

Les Cardaillac, dont le nom est écrit aussi Cardaillhat, étaient seigneurs de Nozières, dans la commune de Collonges.

Raymond V, vicomte de Turenne, laissa cinq filles, dont l'une, nommée Contor, fut mariée à Bertrand de Cardaillac.

Le sire de Cardaillac (Quercy) prit part à la première croisade.

Gérard de Cardaillac et Pierre de Malemort sont désignés, au XIIIe siècle, comme ayant violé le traité de paix fait entre les moines d'Obazine et ceux de Tulle.

Dans le siècle suivant, on voit un Cardaillac patriarche de l'église d'Antioche.

ALLIANCES avec de Corn, de Scorailles, etc., et les principales familles du Quercy et du Limousin.

Le château de Nozières existe encore dans la commune de Collonges.

ARMES. — De gueules, au lion d'argent, armé, lampassé et couronné d'or et entouré de treize besants d'argent.

———

On trouve dans les *Coutumes, Libertés et Priviléges de Villefranche*, par Cabrol :

« Confirmation du roy Philippe de l'an 1355, le 20 de

juin, concernant les bornes du taillable de la présente ville, qui s'estend demy lieuë du costé de Malleville, laquelle avait esté cy devant faitte par la cour du sénéchal, avec noble Bertrand de Cardaillac, seigneur de Malleville. »

Dans les archives de l'hôtel-de-ville de Villefranche il y a « un accord faît avec le vicomte de Murat, de la maison de Cardaillac, seigneurs de Malleville, pour sortir les ennemis du roy de certaines places qu'ils occupaient dans le Rouërgue. » (17 janvier 1358.)

CERTAIN DE LA MESCHAUSSÉE.

Originaire de la vicomté de Turenne, la famille Certain s'est divisée en plusieurs branches dont la souche habite encore Turenne même. On trouve, dans les annuaires antérieurs à la Révolution, nombre de ses membres occupant des charges élevées et revêtus de dignités ecclésiastiques.

Les branches les plus marquantes dans l'histoire du Bas-Limousin sont celles de Canrobert (Lot) et de la Coste (ou de la Meschaussée).

Cette maison a fourni plusieurs officiers dans l'armée, un chevalier de Malte, un docteur en Sorbonne, un maréchal de France.

Ses principales alliances sont avec les familles de Fieux de Montannet, de Juillac, d'Amadon, de Miremont, Schafer, Delmas de la Coste, etc.

Armes. — D'azur à une main dextre d'or posée en pal.

L'écu est timbré d'un casque, de profil orné de ses lambrequins d'or et d'azur.

COMBAREL DU GIBANEL.

Cette famille est originaire du Limousin et sa filiation s'établit régulièrement depuis 1316.

Jean de Combarel fut ambassadeur de France auprès de la république de Gènes ; Hugues de Combarel, successivement évêque de Tulle, de Béziers et de Poitiers, était premier président de la cour des aides de Paris en 1424.

François, comte de Combarel du Gibanel, chevalier de Saint-Louis, est dénommé dans les actes, baron de Vergniole, seigneur de Saint-Martial, Monceaux et autres lieux

ALLIANCES. — Mons, Maumont, Scorailles, Pebeyre, etc.. Une preuve de cette famille, conservée à la bibliothèque nationale, fait mention de l'alliance d'une demoiselle de Combarel avec le marquis de Gonzague, fils du duc de Montoue.

ARMES. — Parti au 1 d'azur à 3 coquilles d'or en pal ; au 2 de gueules, à une demi molette d'éperon d'argent.

COMBORN.

Archambaud, *Jambe pourrie*, fut le premier vicomte de Comborn (1030).

Le fief de Comborn était réuni à la vicomté de Turenne dont il fut détaché par Ebles (voir Turenne).

Archambaud, sixième du nom, fonda la Chartreuse du Glandier et sa femme fut inhumée au monastère d'Obazine.

Souveraine de Comborn, fille d'Archambaud VII, fut mariée au seigneur de Pompadour. Les Comborn de Treignac réunirent ensuite toutes les possessions de cette famille.

Armes. — D'argent au lion de gueules couronné d'azur, armé et lampassé de sable.

Archambaud IV de Comborn, mort en 1137, fit construire le château de Blanchefort. Son fils Adhémar fut la tige d'une nouvelle dynastie des vicomtes de Limoges.

Archambaud, le premier vicomte de Comborn, fut surnommé *Jambe pourrie* (*caula putrida*) à la suite d'une blessure grave dont il ne put jamais guérir. En brisant les portes du château de Turenne que tenait son adversaire Ranulfe-Cabridel, vicomte d'Aubusson, une de ses jambes se trouva engagée entre les battants que les assiégés repoussaient de l'intérieur.

— « Un jour François de Pompadour, protonotaire du Saint-Siège, abbé d'Uzerche, et Jean de Pompadour, abbé de Peyrouse, vinrent prendre leur part des plaisirs qu'on trouvait au château de Treignac, vieux manoir de bruyantes orgies dont la réputation s'étendait au loin et dont il ne reste plus que quelques ruines...

» Séduits par la beauté de deux femmes de chambre de la châtelaine, ils résolurent de les enlever pendant la nuit. Catherine d'Escars de Peyrouse et Catherine de Launay, ainsi se nommaient-elles, acceptèrent le rendez-vous à la croix de Lescaut et les ravisseurs les emmenèrent.

» Le seigneur de Treignac, indigné, cita hommes et femmes devant le sénéchal de Limoges et obtint sentence, confirmée par le Parlement de Bordeaux, qui condamna le protonotaire à payer 1,000 francs à Catherine d'Escars pour sa dot et l'abbé de Peyrouse à 500 francs au profit de Catherine de Launay.

(*Histoire du Bas-Limousin*).

D'après dom Vaissete, Hugues, frère de Raymond III, comte de Quercy, fut le premier vicomte de Comborn (961-983). Archambaud Ier, son fils, vicomte de Comborn et de Ventadour, épousa Sulpicie de Turenne, sœur du dernier vicomte de la première race.

Il avait une réputation de guerrier redoutable et alla, comme on sait, défier en combat singulier Othon III, qui accusait d'adultère Marie d'Aragon, dont Archambaud se déclara le défenseur.

Cette maison se divise ainsi : 1° les vicomtes de Comborn ; 2° les vicomtes de Turenne ; 3° les vicomtes de Limoges ; 4° les comtes de Ventadour ; 5° les barons de Treignac ; 6° les seigneurs de Blanchefort.

1° Archambaud V de Comborn contribue à la victoire remportée sur Richard d'Angleterre en 1176, entre Brive et Malemort. Archambaud VI va à la croisade en 1190 et, en 1219, fonde la Chartreuse du Glandier. — Légende [de ...] et de Guicharde de Beaujeu.

2° Guillaume, fils d'Archambaud Ier, est la tige de cette branche de Turenne qui nous donne Bozon Ier, mort en terre sainte en 1091 ; Raymond Ier, croisé en 1096, Raymond II, tué au siège de la Roche-Saint-Paul (1143) ; Raymond III, croisé en 1190, mort à Saint-Jean-d'Acre ; Raymond IV, croisé en 1219 ; Raymond VI, croisé en 1252 ; Raymond VII, qui n'eut qu'une seule fille, Marguerite, mariée en 1311 au comte de Comminges. Cécile de Comminges vendit la vicomté de Turenne à Guillaume de Roger-Beaufort, le 26 avril 1350.

3° Limoges. — Cette branche commence en 1139 dans la personne d'Adhémar de Comborn et finit à Marie de Limoges.

4° Ventadour, 1086. — Commence à Ebles de Comborn, deuxième fils d'Archambaud II, et finit en la personne de Blanche de Ventadour, mariée à Levis de la Voute (voir Lévis).

5° Treignac. — Commence à Guichard, fils d'Archambaud VII, et finit à Amanjeu (1515) auquel succèdent les Pompadour.

6° Blanchefort. — Le château de Blanchefort, bâti par Archambaud IV, fut donné à Assalit de Comborn (1130-1214). Cette branche a formé la maison de Blanchefort-Créquy en 1533 et s'est éteinte en 1702 dans la personne de François-Joseph de Blanchefort, marquis de Créquy.

CORN.

Le nom de Corn vient d'une terre seigneuriale située à deux lieues de Figeac, dépendance de l'ancienne baronnie de Béduer, principal domaine de l'illustre et puissante maison de Barasc. Les seigneurs de Corn sont, par ceux de Béduer, une branche cadette et apanagée de la maison de Barasc.

Armand de Corn, né avant l'an 1100, est le premier de ce nom que les chartes fassent connaître. En janvier 1142, lui et Armand, son fils, avec Seguin de Rodoche, son gendre, cédèrent au monastère de Moissac tout ce qu'ils possédaient au terroir d'Estil.

Le 13 avril 1300, Gaston de Corn est élu évêque de Rodez (*Gallia christiana*, t. I, p. 215).

Vers la fin du XIIᵉ siècle, une branche de la maison de Corn s'établit à Montignac et donna son nom à une maison noble, située dans cette ville.

Sanchon de Corn se croise en 1248. La filiation de la famille de Corn est parfaitement établie (preuves de 1788) depuis Sanchon Iᵉʳ, seigneur de Corn et d'Anglard (1200). En 1230, Sanchon épouse Bertrande d'Anglard, de l'ancienne maison d'Adhémar, originaire du Limousin, où elle possédait le château de Lostanges.

N. de Corn, seigneur de Marion, se distingua, sous Louis XIII, dans les guerres de religion (Lettre de Louis XIII au seigneur d'Amparre, le 11 mai 1622).

Nous voyons, en 1736, Armand-Louis de Corn, lieutenant des maréchaux de France.

Le marquis de Corn-Queyssac obtint du grand-maître de Malte la permission de porter la croix de cet ordre, nonobstant son mariage avec Jeanne-Marie de Rabastens.

Joseph-Claude-François de Corn de Queyssac, chevalier de Malte en 1778, premier page du roi, capitaine au régiment Dauphin, fait ses preuves le 18 mars 1788 pour monter dans les carosses du roi. Il émigra en 1794.

Mercure-Joseph-Jean-Pierre, baron de Queyssac et de Puy-Merle, seigneur d'Anglard, marquis de Corn, chevalier de Malte en 1773, émigre, fait la campagne de 1792 et devient colonel en 1796.

Les branches des seigneurs de Corn et de Sonnac sont éteintes ; reste aujourd'hui celle des seigneurs de Corn du Peyroux.

Cette dernière branche commence à François de Corn de Queyssac, seigneur de Puymége et du Peyroux (près de Brive), fils putné de Mercure de Corn et qui épousa, le 16 février 1640, Marie de Roques d'Estresses.

Guillaume de Corn, capitaine au régiment du Bourbonnais le 21 mai 1779 et commandant le 15 avril 1780, fit toutes les campagnes des Etats-Unis d'Amérique sous le général Rochambaud. Il était chevalier de Saint-Louis et colonel en 1814.

Son fils, Jean Ier, marquis de Corn du Peyroux, né en 1785, a fait les campagnes de 1805 à 1810 et se distingua particulièrement à Friedland.

Zacharie-Jean de Corn du Peyroux, seigneur du Mas et du Chambon, servait dans le régiment du Bourbonnais dès l'année 1769. Il fit avec son frère

Guillaume, les campagnes d'Amérique et devint chevalier de Saint-Louis en 1790. Il émigra et fut major dans le régiment levé à la solde de Sa Majesté Britannique. Passé dans les colonies à la solde de l'Angleterre (régiment de Walstein), on le réforma en 1799, à la Martinique. Il y épousa Mlle de Courdemanche, rentra en France en 1817 et reçut de Louis XVIII le grade et la retraite de lieutenant-colonel.

ALLIANCES. — D'Abzac, d'Adhémar d'Anglard, de Panat, d'Aubusson (1), de Barasc-Béduer, de Cardrieux, de Cardaillac, de Courdemanche, de Cruzy-Marcillac, d'Escorailles, de Gironde, de Gourdon, de Genouillac, de Geouffre de Chabrignac, de Lostanges, de Marc, d'Amparre, de Montesquiou Sainte-Colombe, de Narbonne, de Turenne d'Aynac, de Verlhac, etc.

TITRES. — Seigneurs de Corn, d'Anglard, de Sonnac ; marquis d'Amparre, baron de Puy-Merle, marquis de Queyssac, marquis de Corn-du-Peyroux.

ARMES. — D'azur à deux cors de chasse d'or liés, enguichés et virolés de gueules et contreposés ; au chef bandé d'argent et de gueules. Devise : *Dieu est tout.*

----

(1) Anne d'Aubusson, fille de Foucaud d'Aubusson et de Françoise de Pompadour, était parente de Louis XIII au septième degré.

CORNIL.

Cette famille possédait la terre de Cornil et le moulin d'Arnac (commune de Beaulieu). On voit figurer le nom de Cornil ou Cornilh, dès l'an 1105.

Cette maison a fourni plusieurs chevaliers distingués et s'est alliée aux principales familles du Limousin et du Quercy. — Un Cornil fut évêque de Cahors en 1280.

Elle s'est fondue, dit M. J. B. Bouillet, dans la maison du Durfort, en 1544, par le mariage de Françoise de Cornil avec Gillebert de Durfort, seigneur de Prouilhat, en Quercy.

Armes. — Les armes des Cornil étaient figurées par trois cors de chasse.

COSNAC.

Cette maison illustre du Limousin est encore aujourd'hui représentée aux châteaux de Cosnac, du Pin et de Beynat.

Plusieurs historiens ont confondu Chaunac et Cosnac, de *Chanasco* et *de Caunaco*, l'une et l'autre de ces deux maisons ayant fourni des grands dignitaires de l'Eglise.

ILLUSTRATIONS. — Elie de Cosnac, croisé en 1194 ; Bertrand de Cosnac et Pierre de Cosnac, successivement évêques de Tulle de 1371 à 1402 ; Bertrand de Cosnac, cardinal en 1356, légat en Espagne ; Daniel, comte de Valence et de Die, prince de Soyons, archevêque d'Aix, commandeur de l'ordre du Saint-Esprit (1654 à 1708) ; Gabriel de Cosnac, évêque et comte de Die (1702 1774) ; Daniel-Joseph, son successeur sur le même siége de 1734 à 1742 ; Joseph-Marie-Victoire de Cosnac, archevêque de Sens, mort en 1843.

Dans la profession des armes, nous trouvons : Louis de Cosnac, l'un des cent gentilshommes de François Ier, envoyé à Madrid, pour aller chercher, avec François de La Tour, la reine Eléonore ; Armand, marquis de Cosnac, mestre de camp, faisant les campagnes d'Italie de 1656 à 1660 (1 ; Clément de Cosnac

(1) Le marquis Armand de Cosnac commandait dans les campagnes de 1656 à 1660, en Italie, un régiment de

cité à l'ordre du jour de l'armée, le 16 septembre 1655 ; François de Cosnac, tué à Charlemont en 1673 ; Daniel de Cosnac, tué à la bataille de Staffarde en 1690 ; Claude de Cosnac, tué à la journée de Saverne en 1694 ; Clément de Cosnac, lieutenant du Roi au gouvernement de Soissons, sous Henri III, blessé à mort dans un duel célèbre sur la place Royale, par le comte de Montrevel (Tallemant des Réaux) ; Alexandre, marquis de Cosnac, officier de la Légion d'honneur, mort au château de Cosnac, en 1855, ayant fait les campagne d'Espagne, de l'Empire et de la Restauration.

M. le comte de Cosnac (Gabriel-Jules) fils de M. le comte de Cosnac (Gabriel-Noël-Auguste) ancien mousquetaire du roi Louis XVIII, ancien membre du conseil général de la Corrèze, et d'Ernestine-Pauline-Sophie de Guillaumanche du Boscage, fille du marquis du Boscage, lieutenant-général, et de Victoire-Armande de Lostanges, est né à Clermont en 1849 ; il était récemment membre du conseil général de la Corrèze (voir à son sujet le *Dictionnaire des Hommes célèbres de la Corrèze*). Il a épousé Marie-Aline d'Arnouville, fille du baron d'Arnouville (1).

son nom. L'existence du régiment de Cosnac, infanterie, est un titre considérable pour sa famille ; ce régiment est relaté dans les mémoires de Daniel de Cosnac et on peut en constater l'existence par une lettre de Louis XIV dont la minute est aux archives du ministère de la guerre, lettre adressée au marquis de Cosnac.

(1) M. de Cosnac va publier prochainement le 4e volume de son ouvrage « *Souvenirs du règne de Louis XIV* » que le ministère de l'instruction publique a honoré de sa souscription pour les bibliothèques publiques.

Au concours régional de 1872, M. de Cosnac a obtenu la coupe et la prime d'honneur pour les améliorations agricoles de sa terre du Pin.

ALLIANCES. — Born d'Hautefort, Malemort, Gimel, Noailles, Turenne, Lastours, Saint-Aulaire, Gontaud d'Abzac, de Lostanges Chastenet, du Boscage, Griffolet, Sabran-Pontevès (v. Baluze, le P. Anselme, Saint-Alais, d'Hozier, etc.).

ARMES. — D'argent au llion de sable, armé, lampassé et couronné de gueules, semé d'étoiles ou molettes de sable.

Devise : *Neque auro neque argento, sed honore.*

———

Extraits du *Nobiliaire d'Auvergne* :

Armand, marquis de Cosnac, devint possesseur des seigneuries de la Guesle et de Saint-Remy par suite de son mariage en 1648 avec Marie de Veillans, fille unique de Rigaud de Veillans, et de Marie de la Guesle. Sa descendance s'éteignit en la personne de Marie-Angélique de Cosnac, mariée en 1697 au duc de Gueldre, de Juillers et de Bergues (Egmond-François) ; la la branche d'Espeyrut hérita des terres de la Guesle et de Saint-Remy.

Une branche cadette de cette maison (celle de la Marque) a été aussi un instant représentée en Auvergne par suite de l'alliance d'Annet de Cosnac avec Claude de Chambreuil qui, devenue veuve, se remaria le 24 mars 1648 à Pierre de Dienne seigneur de Chavagnac.

FONTANGES.

La maison de Fontanges, disent les chroniques, était déjà distinguée depuis le xiiie siècle en Limousin, en Auvergne, en Quercy et en Périgord où elle a possédé nombre de seigneuries. C'est ce qu'a établi la recherche prescrite par le roi en 1666.

En 1279, Rigal de Fontanges et Béatrix, sa fille, sont dénommés dans un acte public.

L'aîné de la maison s'allie à la famille Scorailles en épousant Marie-Angélique, née en 1661, fille d'honneur de Madame, à l'âge de 17 ans. Elle était « *Belle comme un ange.....* » et le roi, frappé de cette beauté, ne songea plus aux charmes de madame de Montespan. Dans une partie de chasse, le vent ayant dérangé sa coiffure, elle en improvisa une au moyen d'un ruban dont les bouts lui tombaient sur le front : telle fut l'origine de la coiffure à la Fontanges que toutes les dames voulurent adopter. Le roi la fit duchesse, mais, à la suite d'une couche, elle perdit ses charmes et n'ayant pas un esprit capable de retenir Louis XIV, elle fut délaissée. L'abbé de Choisi, en parlant de l'intelligence de la duchesse, est très peu parlementaire.

Entrée en religion, Marie-Angélique de Fontanges mourut, à 20 ans, dans l'abbaye de Port-Royal de Paris. Louis XIV assista à ses derniers moments : « Je meurs contente, dit-elle, ayant vu pleurer mon roi. »

5

La famille de Fontanges a toujours possédé les
terres patrimoniales depuis Olivier de Fontanges,
écuyer, seigneur de Fontanges, qui comparaît, en
1459, à la chambre des comptes avec messire Guy
de Pestels et messire Guy de Beauclerc. Le dernier
représentant de la famille de Fontanges, dans le
canton de Neuvic-d'Ussel, est M. le marquis de
Fontanges, ancien officier au 55me de ligne. Il est
marié à Mlle Marie-Françoise d'Aubier de la Mon-
teilhe dont le père a servi au régiment du maréchal
de Turenne, puis en Espagne et à Naples.

Les armes de Fontanges sont : De gueules au chef
d'or chargé de trois fleurs de lys d'azur. Aux sup-
ports : deux anges dont l'un porte une branche de
laurier, l'autre une branche d'olivier. Devise : *La
paix ou la guerre — tout ainsi : Fontanges.*

———

Fontanges est un bourg peu distant de Salers en Auvergne. Au mois de janvier 1178, les chroniques par-
lent de l'illustre Géraud de Fontanges qui, en présence
des vicomtes de Turenne, de Comborn et de Limoges,
fut vainqueur à Beaulieu, en champ clos, du sire de
Saint-Céré. Hugues se croise en 1248 et successivement
on voit les Fontanges figurer dans les actes d'hommage
à l'évêque de Clermont en 1270, 1272, 1278, 1331, 1368,
1373, 1427 *(Gallia christiana.)*

FOUCAULD.

Le nom de Foucauld est connu depuis l'an 1,000 et il était alors porté par trois familles distinctes, répandues en Périgord, en Limousin, en Guyenne, en Berry, en Bretagne et en Anjou.

Les Foucauld qui apparaissent dès la première croisade ont tenu, dans tous les temps, un rang distingué à la cour et dans l'armée.

La branche du Périgord avait pour auteur Hugues Foucauld, chevalier de Corgnac et d'Excideuil, qui vivait en 970 et prit l'habit monastique en l'abbaye de Saint-Pierre-d'Uzerche, du consentement de Guinield, sa femme, fille du vicomte de Limoges. Il fit don à l'abbaye du fief de l'Albucira dans la paroisse de Corgnac (*Cartulaire d'Uzerche*, folio 325). — (Février de l'an 1002.)

Cette maison était possessionnée, comme nous l'avons dit, dans plusieurs provinces, et en tirait autant de titres et de dénominations.

ILLUSTRATIONS. — Jean de Foucauld, gouverneur du comté de Périgord et de la vicomté de Limoges, chambellan d'Henri IV ; le maréchal de Foucauld qui obtint son brevet sous Louis XIII ; le marquis de Foucauld qui, en 1754, commandait en chef la croisière à Saint-Domingue ; François, vicomte de Foucauld, mort maréchal de camp après avoir fait les campagnes d'Allemagne de 1744 à 1784 ; Jacques de Foucauld, capitaine au régiment d'Uzerche, tué à l'armée en 1706 ; Armand de Foucauld, vicaire général de Mgr d'Allemans ; le marquis Jules de Foucauld, né à Lubersac en 1782, député de Tulle sous la Restauration, ancien colonel du génie ; Charles de Foucauld, frère du précédent, chef de bataillon de la garde royale, chevalier de Saint-Louis, de la Légion d'honneur et de Saint-Ferdinand ; Aimard de Foucauld, commandant des chasseurs d'Afrique, mort glorieusement au Mexique, à la prise de Puebla.

ALLIANCES. — Rougé, Carbonnières, Hautefort, Gontaut-Biron, Salignac-Fénelon, Rochejacquelein, Marcellus, Navailles, Escars, Rastignac et d'Eyparsac.

ARMES. — D'or au lion issant de gueules.

DEVISE. — *Hardi, ma lys !*

———

Louis, marquis de Foucauld, député aux Etats-Généraux en 1789 (noblesse du Périgord), offrit ses biens au Trésor dans la séance du 7 août. Il se joignit à Cazalis dans la séance du 21 octobre pour s'élever contre la substitution du drapeau tricolore à l'oriflamme de France.

Le comte Charles de Foucauld, mort à Allassac, avait épousé Mlle Louise d'Eyparsac, fille du comte d'Eyparsac ; chef de bataillon dans la garde royale, il donna sa démission en 1830. Le comte de Foucauld a laissé plusieurs enfants dont l'aîné était Aimard de Foucauld, cité plus haut.

FRIAC.

La famille de Friac est originaire de Collonges (Meyssac) où l'on voit encore le château de ce nom.

En 1441, il est fait mention dans les actes de Jean de Friac, seigneur de Friac.

ALLIANCES avec de Maussac, de Juillac, de Ternes, de Chabrignac, de Grafeuille, de la Valette, de Cavialle, de Servanches, de Récourt, de Chauveny, de Noyer, de Leyret, de la Feuillade, de Chandouleux, de Reyère.

ARM. — D'argent au chevron de gueules accompagné en chef de trois étoiles du même posées 1 et 2 et à l'arbre de sinople en pointe arraché.

————

GAIN.

Seigneurs de Montagnac, de Linars, connus depuis l'an 1056. Cette maison, originaire du Limousin, est répandue dans la Marche et l'Auvergne. Le chevalier de Gain s'est croisé en 1248.

ILLUSTRATIONS. — Des chevaliers de Malte, un brigadier d'armée, une chanoinesse de Remiremont, des lieutenants-généraux.

ARMES. — D'azur à trois bandes d'or.

GEOUFFRE DE LAPRADELLE.

L'arbre généalogique établit que Pierre de Geouffre, sieur de Chabrignac, écuyer en 1369, commence
la lignée de la maison, divisée en deux branches
distinctes d'abord et aujourd'hui représentée seulement par les de Geouffre de Lapradelle.

Le nom patronymique était de Geoffre, qui est
devenu, par corruption de langage, de Geouffre et
qu'on trouve en dernier lieu, dans les actes, écrit
« Geouffre » ou « de Geouffre, » les surnoms de fiefs
nobles l'ayant en quelque sorte fait abandonner.

La branche de Chabriniac, *alias* Chabrignac, s'est
éteinte en 1781, dans la personne de demoiselle de
Geouffre, fille de Marc-Antoine Geouffre de Chabrignac, écuyer, seigneur de Boyant, laquelle avait
épousé le vicomte de Comac.

En 1755, le roi donna des lettres de maintenue de
noblesse, en tant que de besoin d'anoblissement, à
Étienne et Jean Geouffre, établis à Brive.

Il y est dit : « Nos amés et féaux, les sieurs
« Étienne et Jean Geouffre, nous ont fait représenter
« qu'ils sont de la même famille des sieurs Geouf-
« fre de Chabrignac, dont la noblesse fut reconnue
« lors de la recherche faite, en 1667, par le sieur
« .... d'Aguesseau ; mais que, faute d'avoir été
« .... leurs pères ne pouvant être compris dans
« le jugement rendu, etc..... Nous avons déterminé
« à .... les plus grandes marques de notre

» satisfaction par des lettres de confirmation de
» leur noblesse et d'*anoblissement en tant que de*
» *besoin.* »

Les lettres leur accordent, en conséquence, les
titres et qualité de *nobles* et les décorent du grade
d'*écuyers* « ensemble leurs enfants, postérité et des-
» cendants *mâles et femelles*, nés, à naître en légi-
» time mariage ; que comme tels ils puissent pren-
» dre, en tous lieux et tous actes, la qualité d'é-
» cuyers et parvenir à tous degrés de chevalerie... »

En 1684 et 1685, *Guillaume de Geouffre de Leyrat
de La Pradelle* avait déjà fait ses preuves de noblesse
au moment de sa réception de chevalier de justice
dans les ordres royaux militaires et hospitaliers de
Notre-Dame-du-Mont-Carmel et de Saint-Lazare-de-
Jérusalem.

Celui-ci fut un héros.

Fils cadet de Géraud de Geouffre, écuyer, sieur
de La Pradelle, et de Suzanne de Lapeyrie, il était
capitaine au régiment de Piémont en 1674. Il fut
nommé commandeur d'Aigrefeuille en 1685 et de
Guebwiller en 1687.

« Il était distingué même parmi les braves : il eut
une jambe emportée d'un coup de canon, et, pendant qu'on le pansait, il demandait aux blessés
qu'on apportait auprès de lui : « Les ennemis sont-
ils battus ? » (*Histoire de l'Ordre de Saint-Louis*,
p. 220 et 221.)

En 1693, à la première promotion des chevaliers
de l'ordre de Saint-Louis, le roi conféra cette dignité
à Guillaume de Geouffre de Leyrat de La Pradelle.
A ce sujet, qu'on nous permette de citer une anec-
dote recueillie dans un manuscrit intitulé *Mes Sou-*

contre, de M. de Geouffre, petit-neveu du capitaine sus-nommé :

« Lorsque Louis-le-Grand institua l'ordre de Saint-Louis, il voulut recevoir lui-même les nouveaux chevaliers, afin de donner plus d'éclat à la cérémonie qui devait se faire dans la grande galerie du château de Versailles.

» Les récipiendaires sont rangés sur une ligne et attendent le monarque : il arrive et tous mettent un genou en terre. Louis XIV, à qui rien n'échappe, en voit un debout : il en demande la raison. Le maréchal de Navailles, qui était à ses côtés et qui connaissait notre grand-oncle, lui dit : « — Sire, c'est le commandeur de La Pradelle, un de vos braves officiers et qui n'a qu'une jambe. » Le roi s'approcha, se montra fort gracieux et, se tournant vers les récipiendaires : « — J'aime à croire qu'il n'en est aucun parmi vous, Messieurs, qui ne fut bien aise, en ce moment, d'être comme M. de La Pradelle. »

Le château de Chabriniac, démoli par les Anglais, était situé dans la paroisse de Noaillac (1). Arnaud de Geouffre, cadet de la maison de Chabriniac, d'abord établi à Brive, vint, en 1594, se fixer à Sainte-Fértole.

Les de Geouffre étaient seigneurs de La Pradelle, de la Marionie, de la Jauberthie, de Leyrat, etc., etc.

Une branche de la famille était passée en Dauphiné et doit y avoir encore des représentants.

ARMANCES. — Sapientia de Favars, de La Roche,

(1) En 1712, par la mort du dernier descendant mâle de la famille, ce château passa à Jean d'Audrien, sieur du Bourt, époux de Françoise de Chabrignac, puis à Jean d'Arrondeau, leur gendre.

de Genouilhac, de Laroche-Chauvel, d'Ambert, de Béranger, de Vielbans, de Lapeyrie, Vézy de Beaufort, Lachaume, etc.

ARMES. — Un écu palé d'argent et de gueules de six pièces, au chef facé d'azur et d'argent de six pièces.

L'écu est timbré d'un casque de profil orné de ses lambrequins d'azur, d'argent et de gueules.

RÉSIDENCE : Brive.

GIMEL.

La terre de Gimel est située tout près de Tulle
et fut d'abord une vicomté, puis une baronnie. Les
seigneurs de Gimel se disaient barons de Gimel, de
Sarran et de Saint Jal. En 1080, une charte de l'abbaye d'Uzerche dénomme Abon, Ameil et Guillaume
de Gimel. En 1126, le vicomte de Gimel assiste au
château de Pompadour à un accord entre Gouffier
de Lastours et l'évêque de Limoges; Pierre de Gimel
se croise en 1252. Bernard de Gimel se marie en
1350 avec Guillemette de la Chapoulie, dame de
Sarran.

Aymar de Gimel rend hommage de Sarran
au comte de Ventadour en 1513. Les barons de
Gimel et de Sarran disparaissent vers l'an 1600;
l'héritage de cette maison passe dans la famille de
Lentilhac en 1625.

On trouve cependant plus tard le nom de Gimel
dans le Lyonnais.

ALLIANCES. — Maumont, Breuzond de Murat, de
Noailles, de Beaufort, de Montat, de Lastic, de Villelume, de Lavaur, de Lentilhac, de Goutaud
d'Abzac, etc.

ARMES. — Burelé d'argent et d'azur de six pièces;
à la bande de gueules brochante.

GREEN DE SAINT-MARSAULT.

La famille Green est originaire d'Irlande : elle était, en dernier lieu, représentée dans le département de la Corrèze par deux frères qui n'ont pas eu de postérité mâle.

L'aîné est mort sénateur, possédant la terre et le château du Verdier (Uzerche), ancienne propriété de la famille ; le plus jeune habitait Le Puy, dans le canton d'Ayen.

Parmi les illustrations de cette maison on compte un évêque de Pergame ; un lieutenant-général et un sénateur.

Armes. — Parti au 1 de gueules 3 1/2 vols d'azur ; au 2 de gueules aussi à 11 clochettes d'argent.

L'écu timbré d'une couronne de comte.

HUGO.

La famille Hugo, originaire de la Lorraine et dont on peut voir la généalogie détaillée dans d'Hozier, *Armorial général*, 4e registre, dans Courcelles, tome I, page 433, et dans les biographies contemporaines, est représentée dans la Corrèze par Mme Hugo, née Latreille de Lavarde, veuve de Léopold Hugo, ancien maire de Chameyrat.

M. Hugo était fils du général Hugo, commandeur de la Légion d'honneur, maire de Tulle en 1848, etc.

Il n'est pas utile de nous étendre ici sur des illustrations que tout le monde connaît; mais, par cela même que le nom d'Hugo ne figure pas sur l'arc de l'Étoile, nous devons inscrire dans notre *Nobiliaire* les services de Joseph-Léopold-Sigisbert comte Hugo, lieutenant-général des armées du roi, né en 1774, volontaire en 1791, colonel en 1803, général de brigade en 1809, gouverneur de province en 1810, lieutenant-général en 1825, mort en 1828.

ARMES. — D'azur au chef d'argent chargé de deux merlettes de sable.

HUMIÈRES.

M. le comte d'Humières qui habite le château de La Majorie à Altillac, est petit-fils du général d'Humières qui reçut ce grade avec le titre de comte.

Ce titre a été récemment maintenu en faveur de M. d'Humières et il est transmissible de mâle en mâle par ordre de primogéniture. Cette famille a fait ses preuves jusqu'en 1521 ; elle est originaire de l'Auvergne et primitivement du Rouergue.

ARMES. — D'or à un orme de Sinople (arraché), accompagné d'une levrette d'argent, colletée de gueules, brochant sur le tronc d'un arbre ; parti d'argent à trois bandes de sable. Cette levrette court et n'est pas contournée.

———

D'Umières, d'Ulmières et d'Olmieras, dit le *Nobiliaire d'Auvergne*.

Cette famille est originaire de Conquis (Aveyron). En 1524 et en 1535, Guy d'Ulmières, seigneur de la Sauquayrie, transige avec l'abbé du monastère de Conques.

Dès l'an 1670, la famille d'Humières orthographiait son nom avec un H. « Ce fait, qui semble assurément » bien simple, dit M. Bouillet, serait passé inaperçu » sans la jalouse susceptibilité de Louis de Crevant duc » d'Humières, maréchal de France, représentant, par » substitution, l'illustre maison d'Humières. Ceux-ci » déclarèrent sans hésiter, par acte devant notaire, » le 18 juin 1670 que, satisfaits de compter de nobles » et dignes aïeux dont ils honoraient et respectaient » la mémoire, ils n'avaient jamais songé à s'appro-

» prier d'autre nom que le leur; qu'ils reconnais-
» saient sans peine être issus d'une famille originaire de
» la ville de Conques, en Rouergue, et nullement de la
» maison d'Humières, en Picardie. »

Les d'Umières durent par arrêt du 21 avril 1671,
reprendre le nom d'Umières d'Olmeiras.

———

Notes. (1) *L'Armonial universel* de Jouffroy d'Escha-
vannes, tome 11, p. 226, dit que les armes des Humières
en Auvergne sont : d'azur à la bande d'or, Bouillet,
Nobiliaire d'Auvergne, dit de même pour Humières moderne. C'est une erreur : ces armes sont celles de La Majorie-Soursac et les La Majorie-Soursac ne descendent
point de Géraud La Majorie, anobli en 1350, puisque
leurs ancêtres n'ont pris la qualité de *noble* qu'en 1450 et
probablement comme possesseurs de fiefs. Les descendants de Géraud La Majorie ont formé une autre famille
éteinte depuis longtemps dans une branche de la maison
de Saint-Chamans.

(1) Ces notes sont fournies par M. de Veyrières, généalogiste érudit à Beaulieu.

JOSSELIN.

La famille de Josselin, originaire de Bretagne, habite le Limousin depuis le XIIᵉ ou le XIIIᵉ siècle. Elle avait acquis des seigneurs de Pierrebuffière, le fief de Sauvagnac; le chef de la famille était seigneur de Thort, de Sauvagnac, de Besselos, de Choulet, etc. Il prenait le titre de marquis avant la Révolution. Depuis cette époque, les descendants n'ont pris aucun titre nobiliaire et on leur donne, dans l'intimité, celui de comte.

En 1668, la famille de Josselin fit ses preuves de noblesse en établissant sa lignée jusqu'en 1462 : elle aurait pu remonter plus haut.

ALLIANCES avec Bonneval, la Pomélie, la Rigaudie, la Tour d'Auvergne, Lastours, Segonzac, Thomasson du Quéroix et Cradock.

ARMES. — D'azur à trois faces d'or.

RÉSIDENCE. — Le château de la Vidalie, canton d'Ayen.

————

JOYET.

Les Joyet sont originaires du vieux Chastenet, près de Masseret. Jehan de Joyet s'établit à Juillac au commencement du XVIᵉ siècle.

ILLUSTRATIONS. — Jacques de Joyet, sieur de Maubec, deuxième fils de Jehan, fait chevalier par Henry II en 1548 (voir Combet, *Histoire d'Uzerche*, page 205), mort sans postérité. Guillaume de Joyet, sieur de Lachassagne, petit-fils de Jehan, branche aînée, était conseiller du roi, lieutenant-général criminel à Uzerche. Cette charge resta à ses descendants.

ALLIANCES. — Paclin, Labarrac, de Rozat, de Chavaillac, etc., Larochefoucauld, etc.

ARMES. — De sinople au chevron d'or accompagné de deux étoiles d'argent en chef et d'un croissant d'argent en pointe.

DEVISE. — *Non arma sed honorem.*

Note fournie par M. le juge de paix de Juillac :
« M. Combet, dans son *Histoire d'Uzerche*, fait une biographie du chevalier Joyet de Maubec qui n'est pas conforme à celle que j'ai recueillie par tradition : Antoine Joyet de Maubec, commandant un vaisseau du roi, fut chargé par Henri II de se rendre à Alger pour y négocier le rachat de prisonniers chrétiens et il reçut à cet effet 41,000 livres d'or. A son arrivée à Alger, une épidémie sévissait et les deux enfants du Dey en étaient atteints.

Le commandant Joyet avait rapporté de la Terre sainte un remède contre la maladie régnante : il l'offrit au Dey dont les enfants furent sauvés. En reconnaissance le Dey livra les prisonniers sans rançon.

» Comme il revenait en France, le chevalier de Joyet fut attaqué par des Corsaires et, se voyant perdu, il fit vœu, pendant le combat, d'établir une chapelle à la Vierge Marie si ses derniers efforts étaient couronnés de succès. Confiant alors, il se défendit si vaillamment que les forbans durent s'enfuir avec des pertes considérables.

» Il put, en conséquence, conduire les prisonniers algériens à Paris où ils parurent devant la cour revêtus de leurs haillons et chargés de chaines comme ils étaient au moment de leur délivrance.

» Henri II n'anoblit pas de Maubec comme le dit l'auteur de l'Histoire d'Uzerche, mais l'éleva au grade de chevalier et lui fit don des 24.000 écus d'or qui lui avaient été confiés pour le rachat des captifs

» Le chevalier, fidèle à son vœu, fit bâtir une chapelle dont on voit encore les ruines au château de Maubec. Sur la porte du sanctuaire étaient sculptées les armes de Joyet. »

JUYÉ.

On lit dans les mémoires de la famille de Juyé, envoyées à M. de Moury, par les mains du Père Voyon, le 26 juillet 1649 : « Il y a plus de 250 ans que la famille Juyé était la principale et la plus relevée famille de la ville de Tulle, capitale du Bas-Limousin, et portait pour armes trois monjoyes d'argent en champ d'azur, et, par une bénédiction du ciel, a grandement multiplié en grand nombre de branches et ramages, qui ont pour souche le père de Bernard de Juyé, lequel Bernard vivait en l'an 1450. La plupart ont été décorés des plus grandes charges et honneurs, non-seulement dans les provinces de Limousin, Poitou, pays d'Aunis et La Rochelle, Bordeaux, Languedoc, mais encore à la cour, aux ambassades, à la députation des provinces, etc... » Le mémoire ajoute que la maison de Juyé a des alliances illustres, parmi lesquelles il cite Dupeat, de Serval de Moulin, de Cosnac, de La Forestie, de Chanac, de Maialot, etc., « et une infinité d'autres dont le discours serait trop long. »

Jean Juyé, allié de la maison de Chanac, acheta le château de Chanac et celui de *Cilhac*, et pour cette raison « espéceta et escartela ses armes, qui étaient trois monjoyes d'argent en champ d'azur, qui ont été retenues depuis dans la maison de Seilhac. »

« Jean Juyé fist une belle fondation dans l'église Saint-Julien de Tulle, qui est la plus grande paroisse de ladite ville, en laquelle la première chapelle du côté gauche du maître-autel est du patronage et fondation de la maison de Juyé et de Cilhac. »

Enfin, la pièce déjà mentionnée déclare que la famille de Joyet de Masseret et du bourg de Juillac ne se rapporte à celle de Juyé « en rien, ni affinité, ni alliances, ni parenté quelconque. »

SURNOMS. — Lauzelou, Lamarque, Labesse, Sellhac ; Libéral de La Forestie épousa Sébastiane de Juyé, dont il eut un fils, Jean, que le père de Sébastiane institua son héritier, à la charge de porter le nom et les armes de Juyé lui et ses descendants. Cette maison s'est éteinte par une alliance avec les Badard (Voir Sellhac).

ARMES. — D'argent à trois faces de gueules au lion d'or, lampassé couronné de même, brochant sur le tout.

LA BESSE.

Famille du Bourbonnais établie en Limousin depuis le commencement du siècle (Condat et Chabrignac).

Son vrai nom est Berthomivat de La Besse, qu'on écrit « Labesse » par corruption (Voir les manuscrits de la Bibliothèque nationale).

Guillaume Berthomivat de La Besse était page du comte d'Artois, frère du roi Louis XVI, et fut colonel sous la Restauration (1816).

Les représentants de cette maison sont aujourd'hui : 1o le comte de La Besse, à Chabrignac ; 2o le vicomte René de La Besse, à Condat.

Armes. — De gueules au chevron d'or, accompagné de trois têtes d'argent, deux en chef, une en pointe.

L'écu timbré d'une couronne de comte.

LACHAPELLE DE CARMAN.

Dès le douzième siècle la famille de Lachapelle, originaire du Périgord y prenait rang parmi les plus nobles maisons de la province. Giraud de Lachapelle et Pierre, son frère, apparaissent comme témoins dans une donation faite à l'abbaye de Dalon, en 1177.

La filiation suivie de la famille est prouvée par titres authentiques depuis Guillaume de Lachapelle (1498.)

Jean de Lachapelle, écuyer, seigneur de Sineuil, nommé, en 1615, maréchal des camps et armées par le roi Louis XIII, alors à Bordeaux, épousa la fille unique de François de Cahors, seigneur de Carman, et dût, par une des clauses du contrat de mariage ajouter le nom de Carman à celui de Lachapelle de Sineuil, lui et ses descendants (1599).

Jean de Lachapelle de Carman, écuyer, ancien page du prince de Condé, fit partie de l'assemblée de la noblesse du Bas-Limousin en 1788.

Jean-Joseph de Lachapelle de Carman, page du prince de Condé, officier au régiment de Bourbon, (dragons) fit toutes les campagnes de l'armée de Condé dans le régiment des hussards Brachi, fut nommé chevalier de Saint-Louis et mourut commandant de gendarmerie.

ALLIANCES. — De Broussinhac, de la Borie, de Lourdat, de Saint-Astier, de Cahors, de Corn, de

Vassal, de Chabrignat, de Jouvenel, de Dussol, de Dourdon-Pierrefiche, de Friac.

ARMES. — D'azur à six faces d'or au deuxième d'azur à un pal d'argent accosté de deux têtes humaines.

M. de Lachapelle de Carman est le dernier descendant de cette famille et ne reconnaît point une famille de Bordeaux qui a pris son nom et ses armes.

LAFOND DE SAINT-MUR.

M. Lafond de Saint-Mûr, ancien député de la Corrèze, membre du Conseil général (voir le *Dictionnaire des Illustrations du département*) appartient à la famille Deplanche qu'on voit figurer dans les actes du canton de Laroche-Canillac dès le xvᵉ siècle. L'abbé Deplanche a été le premier précepteur de Fénélon. M. Lafond père a gardé long-temps dans sa bibliothèque un exemplaire du Télémaque, doré sur tranches, portant la mention suivante de la main même de Fénélon : *Souvenir affectueux à mon premier maître, M. l'abbé Deplanche.*

Après l'abbé Deplanche, un de ses neveux fut curé de l'église de Laroche-Canillac, alors succursale de l'abbaye de Saint-Maur.

Vers 1770, M. Deplanche, chef de la famille, épousa Mˡˡᵉ Reynal de Teyssonnière, petite nièce du philosophe qui rédigea le *Mercure* et fit paraître l'*Histoire du Stathoudérat,* l'*Histoire du Parlement d'Angleterre,* l'*Histoire philosophique des Etablissements et du Commerce des Européens dans les deux Indes,* etc. etc....

De cette union naquirent : 1° Deplanche-Labissière ; 2° Deplanche-Lafond, dénommés, suivant l'usage du temps, par les héritages.

M. Deplanche-Labissière, l'aîné de la famille, vint s'établir à Tulle comme médecin, et y est mort en y laissant la réputation d'un homme de science.

M. Deplanche-Lafond, le frère puîné, ancien notaire, ancien maire, épousa en 1816, Mlle Claire-Joséphine de Saint-Priest de Saint-Mûr.

De ce mariage sont issus : 1o Le député de la Corrèze Lafond, Rémy ; et 2o Lafond, Léon, chef du personnel de l'administration des Domaines.

Des lettres patentes du Souverain permirent à M. Lafond de relever, en 1856, le nom de Saint-Priest de Saint-Mûr, et de reprendre, en 1866, le titre de baron.

M. le baron de Saint-Priest de Saint-Mûr, oncle maternel de M. le baron Lafond de Saint-Mûr, appartenait à la maison de Saint-Priest divisée, comme on sait, en plusieurs branches. Décédé célibataire en 1855, il laissa sa fortune et son nom à ses deux neveux.

M. de Saint-Priest, maire de Tulle sous la Restauration, resta juge au tribunal de cette ville jusqu'à l'âge de 80 ans. Sur l'opposition de la famille de Saint-Priest, ce dernier nom n'a pas été relevé par M. le baron Lafond de Saint-Mûr.

Armes. — D'or à l'arbre de sinople terrassé du même ; au lion passant, de sable, armé et lampassé de gueules, brochant sur le fût de l'arbre qu'il entortille de l'extrémité de la queue.

———

M. de Saint-Priest-Saint-Agne, député du Lot sous Louis-Philippe, connu par la réforme postale à laquelle il donna tout son temps et sacrifia sa santé, représentait la branche cadette de Saint-Priest. M. de Saint-Priest est mort en 1851, sans enfant. Il avait une sœur dont la fille a épousé M. le comte de Lavaur de Sainte-Fortunade.

M. de Saint-Priest, l'ex-préfet du Jura, sous l'Empire, était le cousin-germain de l'ancien député.

LA GARDE.

Cette maison qui tire son nom de la terre de La Garde, à 15 kilomètres de Tulle, et qui est connue en Limousin dès 1240, nous a donné Gaucelin de La Garde, évêque de Lodève, en 1298, ambassadeur en Espagne, en 1303 ; Géraud de La Garde d'Aumar, cardinal en 1342, parent de Clément VI ; Etienne de La Garde, archevêque d'Arles, en 1347 ; Guillaume de La Garde, archevêque de Braga (Portugal) et patriarche de Jérusalem en 1371. Suivant un acte du 8 novembre 1364, Géraud de La Garde s'était établi à Argentat.

Illustrations. — Antoine de La Garde, protonotaire du Saint-Siége (1524), Pierre de La Garde, ambassadeur en Pologne, en Écosse et en Portugal, mort en 1550 ; François de La Garde qui assista au colloque de Poissy et que sa mule fit périr dans la Seine en 1578 ;

Louis de La Garde, gentilhomme de la chambre sous Charles IX et Henri III, etc., etc.

La branche du Limousin qui s'était substituée à la maison de Tranchelion (1364) s'éteignait en 1375.

On compte cinq branches de la maison de La Garde qui sont répandues en Auvergne, en Quercy, en Languedoc et en Périgord.

Alliances. — Tranchelion, Sainte-Fortunade,

Montrocex, d'Assas, Belcastel, Chabans, de Bargues, d'Escairac, de Lestrade, de Plas, de Vallon, de Saint-Chamant, etc., etc. ;

ARMES. — D'azur d'une épée d'argent mise en bande.

LA JUGIE.

Famille qui tire son nom de la terre de La Jugie, dans la commune d'Eyren. Jacques de La Jugie, qui épouse Guillemette de Rogier (Roziers), est anobli en 1338, grâce aux démarches de Pierre Rogier, son beau-frère, garde des sceaux, archevêque de Rouen, qui devint plus tard pape sous le nom de Clément VI. Guillaume, fils de Jacques de La Jugie, fut créé cardinal en 1342. Son frère Pierre, archevêque de Sarragosse, de Narbonne et de Rouen, fut aussi cardinal en 1375.

ILLUSTRATIONS. — François de La Jugie de Puydeval, chevalier de l'ordre du Saint-Esprit, maréchal-de-camp à la bataille d'Arques; Denis de Puydeval, chevalier de l'ordre de Saint-Michel, tué à Pavie.

ALLIANCES. — Mérinville, Noailles, Saint-Martial, etc.

ARMES. — De sable à la bande d'or, accompagnée de six coquilles d'argent posées en orle.

LAROCHE-CANILLAC.

Les ruines du château de Laroche-Canillac se voient, dans le bas de Laroche, au-dessous de la propriété de M. le baron Lafond de Saint-Mûr.

Withard de Laroche-Canillac fut tué près de Tulle par Archambaud de Comborn, fils du vicomte de Turenne (1025). Guillaume de Laroche-Canillac fit partie de la première croisade. Il commandait sept chevaliers et trente hommes d'armes.

« Pierre de Tulle, par l'ordre d'Ebles, vicomte de Ventadour, investit le fort château de Laroche-Canillac, ouvrit avec ses machines un pan de muraille et y entra par la brèche.

« Ce vieux château était isolé au milieu des sites les plus sauvages, des coteaux les plus escarpés. La main de quelques-uns des héros de la barbarie germanique ou de la féodalité l'avait bâti sur une haute colline dominée elle-même par d'autres cimes et baignée par un ruisseau qui devient torrent aux jours d'orage. Cette forteresse féodale où entrèrent les hommes d'armes du vicomte de Ventadour, trouvait sa sécurité dans sa position même, car excepté le donjon crénelé qui, comme un clocher, dominait les environs, et quelques tours plus petites garnies de meurtrières, le reste se cachait derrière une large enceinte d'épaisses murailles. Quand les temps féodaux furent passés, les barons de Laroche-Canillac laissèrent là les vieilles ruines que la guerre avait faites et vinrent respirer l'air corrompu de la cour de Versailles. Lorsque l'orage révolutionnaire souffla sur le manoir, celui-ci acheva de s'écrouler sous la main irritée de ceux dont les ancêtres avaient été les serfs d'une autre époque. Laroche-Canillac n'a plus que des ruines vers lesquelles semble encore ramper le pauvre bourg que protégeait la forteresse. » *(Histoire du Bas-Limousin.)*

Les nombreuses archives que renfermait le château ont été brûlées lors de la tourmente révolutionnaire. D'après la tradition, Jean de Laroche maria sa fille unique à un Canillac d'Auvergne et vers l'an 1355, les Laroche-Canillac formèrent deux branches. Un cadet, allié à la maison de Beaufort, fit bâtir, non loin du manoir, un château qui prit le nom de Beaufort et sur les ruines duquel s'élève aujourd'hui une maison de plaisance appartenant à M. le comte de Combarel.

Nous avons encore aujourd'hui la descendance des barons de Laroche dans la maison de Montboissier-Beaufort-Canillac. Comme on le sait, Clément VI et Grégoire XI appartenaient à la famille Roger de Beaufort (château de Maumont, près d'Egletons). C'est Jacques de Montboissier qui releva, en 1544, la maison de Beaufort (voir la *Chesnaye des Bois*, tome X, Laroche-Canillac de Beaufort; pages 282 et 283).

Les Montboissier ont fourni des grands sénéchaux et gouverneurs d'Auvergne et de Languedoc ; des lieutenants-généraux, un chevalier commandeur de l'ordre du Saint-Esprit, et ils ont été admis aux honneurs de la cour en 1754 et 1770.

Charles-Maurice-Philippe de Montboissier-Beaufort-Canillac, patrice romain, prince de l'Eglise, né le 14 janvier 1794, était colonel du 23ᵉ de ligne (campagnes de Saxe, d'Allemagne, de France, d'Espagne et d'Afrique.) De son mariage avec Mˡˡᵉ Prévost de Chantemerle sont issues deux filles.

Héraclius-Hugues-Augustin comte de Montboissier-Beaufort-Canillac, né le 1ᵉʳ mars 1803, a suivi aussi la carrière des armes et a fait les campagnes d'Espagne et d'Afrique. Il a épousé, en secondes noces, Mˡˡᵉ Alix de Wignacourt (1845).

Armes. — Ecartelé aux 1 et 4 d'argent à la bande d'azur, accompagnée de six roses de gueules en orle qui est Roger de Beaufort; aux 2 et 3 d'azur au lévrier rampant d'argent, armé et colleté de gueules et à la bordure crénelée d'or qui est de Canillac; sur le tout, d'or semé de croisettes de sable, au lion de même brochant, qui est de Montboissier.

—

Guittard ou Withard de Laroche fit don à l'abbaye de Tulle, en 944, d'une vigne située au territoire d'Espagnac.

En 1335, Bertrand de Laroche est gouverneur de l'évêché de Clermont. Béraud de Laroche est obligé en 1347 de fournir caution pour un meurtre par lui commis sur la personne d'un seigneur bourguignon.

Hugues III, grand maréchal de la cour de Rome, gouverneur du comtat d'Avignon, épousa Dauphine Rogier, fille du comte de Beaufort. Avec Roger de Beaufort, ils résistèrent en tout temps à l'Anglais.

On explique de deux manières le surnom de Canillac donné à la terre de Laroche: 1º par le mariage de Louis de Montboissier avec Jeanne de Laroche en 1355; 2º par le mariage de Jean de Montboissier-Beaufort-Canillac avec Jeanne de Maumont de Laroche en 1562.

Armes. — De gueules à trois faces ondées d'argent.

Guillaume II, frère de Clément VI et de l'évêque de Tulle, quitta le nom de Rosiers ou Rogiers pour prendre celui de Beaufort, petite ville d'Anjou que Philippe de

Valois lui avait donnée par lettres du 7 juin 1344 et qui fut érigée en comté au mois d'avril 1346.

Canillac est une des neuf baronnies du Gévaudan, berceau de la famille de Canillac qui apparaît en 1112.

Guérine de Canillac, fille unique de Marc de Canillac, épousa en 1345 Guillaume de Rosiers, comte de Beaufort, frère de Clément VI, auquel elle transmit la baronnie de Canillac.

C'est ainsi que se forma la maison de Beaufort-Canillac.

Armes. — D'azur au levrier rampant de sable, colleté d'or.

LESPINASSE DE PÉBEYRE.

La maison de Lespinasse de Pébeyre a toujours été possessionnée dans le Bas-Limousin, d'après les renseignements que nous avons recueillis aux archives départementales. Elle a fourni des gentilshommes qui ont figuré dans les assemblées parlementaires, des magistrats et des officiers.

On trouve aux archives de la Préfecture :

1° En 1766, Jean-François de Lespinasse, seigneur de Pébeyre, conseiller du roi en l'élection de Tulle;

2° Une obligation par dame Jeanne Claude de Meynard, femme du même Jean-François de Pébeyre, pour demoiselle Marie Jeanne Verchon, veuve du sieur Royjal;

3° Le contrat de mariage de noble Jean-Joseph Lespinasse, écuyer, seigneur de Pébeyre, capitaine au régiment de Lyonnais, avec demoiselle Marie-Noël Dumont (1784).

Cette famille a pour représentant à Tulle M. de Pébeyre, très-distingué, ancien préfet de l'Empire.

LESTANG.

La notice ci-dessous est textuellement copiée dans Marvaud, page 279 :

« La famille de Lestang, qui appartient à la ville de Brive, exerça longtemps dans le pays une grande influence. Nous ne connaissons pas la source de sa noblesse, mais nous savons qu'elle acquit sa fortune dans le commerce auquel elle commença à se livrer vers 1465 (*Archives de la ville*). Plusieurs de ses membres ont laissé une mémoire illustrée par de grands talents et de grandes vertus. Etienne de Lestang fut lieutenant-général de la sénéchaussée de Brive, après avoir été président du Présidial. Il fut père de Christophe de Lestang, évêque de Carcassonne, et du président au Parlement de Toulouse ; nous le croyons frère de François de Lestang, évêque de Rodez, dont les vertus évangéliques firent l'admiration de son siècle. On le rencontrait partout où il y avait des bienfaits et des consolations à répandre, aussi mérita-t-il le nom de *Père des pauvres*. Le peuple avait en lui une si grande confiance qu'il racontait — « qu'un jour, un pauvre étant venu lui demander des secours, l'aumônier de la demeure épiscopale répondit qu'il n'y avait plus de blé dans les greniers. — Allez, lui dit le prélat, et distribuez en abondance. » L'aumônier obéit et trouva les greniers si remplis qu'on ne pouvait en ouvrir les portes. »

Les armes de Lestang étaient : d'azur à trois poissons d'argent.

François de Lestang mérita d'être mis au nombre des saints du Limousin.

Etienne de Lestang fonda à Brive le couvent des Ursulines et la maison des Pères de la Doctrine chrétienne. Aux Etats-Généraux d'Orléans, il représenta la bourgeoisie de sa province. Il assista au siége de Castillon (1587).

Etienne Pelverel, parent de Lestang, est né à Brive ; il fut évêque d'Aoste en 1652 (*Histoire du Bas-Limousin*).

ARMES. — D'argent à sept losanges de gueules placées 4 et 3 (suivant le cachet de Lestang, intendant des armées du roi), cachet dont l'empreinte est encore parfaitement nette sur deux lettres adressées de Sédan en 1753 et 1755 à M. Sclafer de Jugeals (voir le *Dictionnaire des Hommes illustres*).

Nous avons lu autre part et dit avec Marvaud : « trois poissons » d'argent au lieu des sept losanges de gueules.

LESTRANGE.

(Cette notice est tirée du *Nobiliaire d'Auvergne*, de M. J.-B. Bouillet.)

Barons de Magnac et de Montfort, marquis de Lestrange, en Limousin ; vicomtes de Cheylane, seigneurs de Saint-Privat, de Durat, de Leyris et Chapdes, en Auvergne. — Illustre et ancienne maison de chevalerie en Limousin, laquelle a pris son nom d'une terre située dans cette dernière province et que Marie de Lestrange porta, avec Cheylane, à René de Hautefort, seigneur de Teil (1579). Elle établit sa filiation depuis Faucon ou Falcon de Lestrange, seigneur du lieu, en 1350, lequel fut père de Raoul de Lestrange, qui continua la postérité, et de Guillaume de Lestrange, archevêque de Rouen et nonce du pape Grégoire XI auprès du roi de France Charles. Ce monarque le députa vers l'empereur Charles de Luxembourg, lorsqu'il vint trouver le roi à Saint-Denis, en 1377. Il fut fait conseiller d'État en 1384 et fonda la chartreuse de Rouen, où il est inhumé. Hélie de Lestrange, neveu du précédent, fut évêque du Puy, fonda le couvent des Cordeliers de la même ville et il assista au concile de Constance (1414-1417).

Cette famille, convoquée à l'Assemblée des nobles de la sénéchaussée de Riom, en 1789, et qui subsiste encore aujourd'hui, compte des alliances avec les maisons de Bonneval, de Belvezer-Jonchères, d'Estaing de Langeac, de Chabannes, d'Apchier, de

Hautefort, de La Mothe-Maslaurent, de Corteix, de
Rochedagon, de La Saigne, Saint-Georges, de Sou-
dailles, de Blais-Chapdes, de Montagnac d'Arfeuilles
et autres.

ARMOIRIES. — De gueules au léopard d'argent à
deux lions adossés d'or mal ordonnés.

LÉVIS.

Guy de Lévis, en 1223, reçoit d'Amaury de Montfort le titre de Maréchal-de-la-Foi, qui est demeuré à sa postérité, ainsi que la seigneurie de Mirepoix.

Guy de Lévis, troisième du nom, est croisé en 1270 (Joinville). Quelques généalogistes ont eu l'idée de faire descendre cette famille de Lévi, fils de Jacob.

BRANCHES. — Mirepoix, Montbrun, Pennes, Lautrec, Ventadour, etc.

ILLUSTRATIONS. — Pierre Lévis, évêque de Maguelonne, de Cambrai et de Bayeux au XIVe siècle ; Philippe de Lévis, archevêque d'Auch en 1454, créé cardinal en 1473 ; Bernard de Lévis, chambellan de Louis XI ; Antoine de Lévis, archevêque d'Embrun en 1526 ; Anne de Lévis, archevêque de Bourges en 1651 ; François-Christophe de Lévis, vice-roi d'Amérique en 1655 ; Pierre-Louis, duc de Mirepoix, maréchal de France en 1757 ; François-Gaston, duc de Lévis, maréchal de France en 1783, etc.

ALLIANCES avec les d'Aubusson, de La Feuillade, Bérulle, Clermont-Tonnerre, Crillon, Lacroix de Castries, Mérode, Montmorency, Nicolaï, Roncherolles, Saulx-Tavannes.

ARMES. — D'or à trois chevrons de sable.

TITRES. — Duc, et marquis pour la deuxième branche.

DEVISE. — *Ayde Dieu au second chrétien Lévis !*

——

En 1460, Louis de Lévis, comte de La Voulte, acquiert le comté de Ventadour par son mariage avec Blanche, fille de Charles de Ventadour (Voir Ventadour).

Le comté de Ventadour fut érigé en duché en 1578 pour Gilbert III de Lévis et il devint pairie en 1589.

François de Lévis est désigné dans la *Gallia christiana* comme vingt-et-unième abbé d'Obazine.

LIGNEYRAC.

Guillaume de Ligneyrac, se croisa en 1249.

Le château de Ligneyrac, entre Meyssac et Turenne, fut le berceau de la famille des Robert de Ligneyrac, ducs de Caylus, dont les armes sont gravées sur les portes des églises de Ligneyrac et de Sarazac.

ILLUSTRATIONS. — La marquise de Caylus, née de Villette ; le comte de Caylus, célèbre archéologue, auteur d'ouvrages remarquables ; Joseph-Louis de Caylus, pair de France en 1814.

Représentant actuel, François-Joseph Robert de Ligneyrac, duc de Caylus, grand d'Espagne de 1re classe.

ARMES. — Un écu d'argent à trois pals d'azur, qui est de *Robert*, placé dans un autre d'azur chargé de trois étoiles à six rais d'or et ayant un chef de même, qui est de *Tubières de Caylus*.

Au mois de mai 1260, Aymard Robert et ses neveux Hugues, Guillaume et Pierre passent un compromis, sous l'arbitrage d'Archambaud de Comborn et, en 1265, Hugues et Guillaume Robert cèdent à Raymond de Turenne tout ce qui leur appartient en haute et basse justice à Montignac. C'est en retour de cette cession, que les Robert reçoivent le château de Ligneyrac et plusieurs rentes dans les paroisses de Ligneyrac et de Noailhac. Aymard Robert, dont nous venons de parler, était seigneur de Saint-Jal (entre Uzerche et Seilhac). Son petit-fils Adhémard devint cardinal.

Jean Robert épousa, le 21 août 1377, Bertrande de Gosnac, nièce du cardinal Bertrand de Cosnac et sœur de Pierre, évêque de Tulle.

Les Robert de Ligneyrac étaient co-seigneurs de Pleaux.

Edme Robert, chevalier de l'ordre du roi en 1650, maréchal-de-camp en 1618, était réputé l'un des seigneurs les plus braves de son temps.

LIMOGES DE LA GORSSE DE BEAUFORT.

La famille de Limoges de La Gorsse est originaire du Bas-Limousin.

Le fief noble de Beaufort (paroisse de Gumont), acheté par l'un des membres de cette famille, ou acquis à un autre titre, ce que nous n'avons pu découvrir, lui fit prendre la dénomination de Beaufort.

En dernier lieu, la résidence des Limoges de la Gorsse de Beaufort était fixée au Theil, dans la paroisse de Saint-Bonnet-Elvert, relevant de la baronnie de Laroche-Canillac.

C'est à tort que plusieurs personnes confondent les Limoges, seigneurs de Beaufort, avec la maison de Beaufort-Canillac, à laquelle appartenait la baronnie de La Roche et que releva, en 1511, Jacques de Montboissier.

Plusieurs titres prouvent, au contraire, que le sieur de Beaufort se reconnaissait redevable d'une ente perpétuelle au baron seigneur de La Roche.

Un acte du 15 novembre 1707 donne défaut au sieur de Limoges de Beaufort et le déclare usurpateur de titre de noblesse, en le condamnant à l'amende de 100 livres pour ne s'être présenté devant M. de Bouillé, intendant à Limoges, afin de justifier de sa qualité de noble.

Nous allons voir maintenant que les Beaufort furent tenus de reprendre leur nom de Limoges.

L'ordonnance de Mgr d'Agueysseau dit que Geoffroy de Limoges, sieur de Gourdon, natif au lieu de la Gorsse, a, par son contrat de mariage avec Françoise Feydit, le 16 février 1555, pris la qualité d'écuyer, que ses descendants qui ont pris le nom de la Gorsse, au lieu ou avec celui de Limoges, ont toujours continué et qu'ils ont joui des priviléges de noblesse, en la possession de laquelle ils seront maintenus et inscrits au catalogue des véritables gentilshommes sous le nom de Limoges, qu'ils seront tenus de porter, à telle peine que de droit, moyennant quoi *exeat* a été donné.

Le fief de Graffeuille passa dans la maison de Limoges par suite du mariage de Gabriel avec Etiennette de Maryt. Nous trouvons, dans les papiers de la famille, nombre de pièces émanant soit du marquis de Saint-Aulaire (celle-ci datée de la Grénerie), soit du marquis du Saillant, vicomte de Comborn, relatives à la convocation du ban et de l'arrière-ban des gentilshommes du Limousin.

Un certificat précieux, signé du grand Turenne, établit que « Gabriel de Limoges de La Gorsse, l'un » des gentilshommes de l'escadron de Limoges, a » bien et fidèlement servi le roi en cette qualité et » le sert encore actuellement dans l'armée qui est » sous notre commandement en Allemagne. »Donné au camp de Detwyer, le 9 novembre 1674.»

ARMES. — Aux 1 et 4 d'or au lion de gueules couronné ; aux 2 et 3 d'azur ; 2 à la tour d'argent crénelée ; 3 à une étoile d'or.

Ces armes sont celles qui ont été enregistrées à l'*Armorial général* dans le registre n° 1 côté Limoges, élection de Tulle, le 27 février 1699, au nom de Gabriel de Limoges, écuyer, seigneur de Beaufort. Sur un autre parchemin de la famille, au deuxième écartelé d'azur se trouve, en place de la tour d'argent un roc d'échiquier d'argent et l'écu est timbré d'un casque de chevalier orné de ses lambrequins.

LISSAC.

La terre de Lissac appartenait dans le principe à l'ancienne maison de Cardaillac.

Par suite d'alliances, elle passa dans la famille d'Arnal-Barrase de Béduer.

En 1286, Dieudonné de Barrase y fonda un couvent de religieuses de Cîteaux.

Les Cardaillac portaient de gueules au lion d'argent, armé, lampassé et couronné d'or.

En 1438, ce fief noble appartenait à Joseph-Arnaud de Laporte, écuyer, mort le 20 septembre 174... que nous voyons ainsi dénommé dans les ...tes : « Joseph de Laporte, écuyer, seigneur de ...ac, demeurant dans la paroisse de Saint-Pierre, aud.... lieu de Lissac. »

C'est lui qui est la tige de la maison de Laporte de Lissac.

Pour prouver la considération dont jouissait Arnaud de Laporte, seigneur, marquis de Lissac, le cas que l'on faisait de son service, on cite la lettre suivante qui lui fut écrite par le vicomte de Pompadour, lieutenant-général du Haut et Bas-Limousin : « Monsieur le marquis, je viens tout présentement de recevoir un commandement du roi, très-particulier, par un courrier exprès, de me rendre avec le plus de mes amis et plus de diligence que je pourrai, à un lieu que Sa Majesté m'ordonne, pour une occasion très-importante, à son service auquel je vous crois si fort affectionné, étant de mes amis, que je m'ose promettre que vous me ferez l'honneur de vous rendre, le quatriesme du prochain mois, à Sarazac, en Périgord, avec votre équipage d'armes et de chevaux et de plus de vos amis que vous pourrez, même des mousquetaires à cheval pour venir me joindre, et prendre part à l'honneur qu'il y aura à acquérir.

« À Pompadour, le 25 avril 1620.

» Vicomte DE POMPADOUR. »

Joseph de Laporte, marquis de Lissac, lieutenant des maréchaux de France, né le 20 août 1743, fut gouverneur de Sarrelouis. Il a commandé et dirigé les fortifications à Toulon.

ALLIANCES avec de Cosnac, de Mirandol, de Marquessac, d'Auberi, de Prouillac, de Palisse, de Brettes, de Maumac, etc.

ARMES. — D'azur à trois pals de gueules alaisés par le bas et mouvant, à la devise (face) du même et au chef d'azur chargé de trois étoiles d'or.

TITRE : marquis

RÉSIDENCE. — Lissac, canton de Larche.

LIVRON.

Famille originaire de Champagne, fixée en Limousin dans XIV° siècle. Elie de Livron prenait le titre de seigneur d'Ayen et d'Objat en 1341. Son fils, épousa en 1362 Marie, fille du seigneur de Saint-Exupéry. Antoine de Livron hérita de sa mère, Marie de Pompadour, de la seigneurie de la Rivière et épousa Marguerite de Nouilles, vers l'an 1412. (Nadier, *généalogie de Livron*).

Aʀᴍᴇ. — D'argent à trois faces de gueules, au canton du champ chargé d'un roc d'échiquier de gueules.

Les armes des Livron sont sculptés sur les clefs de voûte de l'église d'Objat.

———

LOSTANGES.

Guillaume de Lostanges se croisa en 1190.

En 1594, Louis-François de Lostanges combat dans le Limousin en faveur du roi de Navarre avec Anne de Levis et Charles de Rochefort de Saint-Angel.

ARMES. — D'argent au lion rampant de gueules, armé, lampassé et couronné d'azur, accompagné de cinq étoiles de gueules en orle.

LUBERSAC.

Maison connue depuis le XIe siècle et qui tire son nom de la seigneurie de Lubersac, entre Uzerche et Pompadour.

LÉGENDE. — « Le seigneur perça d'une flèche un loup monstrueux qui désolait la contrée. Au lieu même où le fait se passa s'éleva un village que les habitants nommèrent « *Loup perça.* » Ce fut l'origine de Lubersac. »

ILLUSTRATIONS. — Geoffroy de Lubersac en Palestine; Bernard de Lubersac à la journée de Poitiers; Pierre de Lubersac, choisi par le duc de Guise, durant le siége de Metz, pour se mesurer dans un combat singulier avec un Espagnol dont on citait la prouesse. Le duel eut lieu à cheval et Lubersac eut tous les honneurs de la journée. Guy de Lubersac fut particulièrement distingué par Henri IV et par Jeanne d'Albret.

ALLIANCES avec Chastellux, Clermont-Tonnerre, Combarel, Hautefort, Lasteyrie du Saillant, Maillé, Rochechouart, Saint-Chamans, etc.

ARMES. — De gueules au loup passant d'or. L'écu timbré d'une couronne de marquis.

DEVISE. — *La [illegible].*

MALEMORT.

Hélie de Malemort prit part à la première croisade.

Les Malemort ont longtemps défendu le pays contre Henri II d'Angleterre et contre ses fils. Dans l'*Histoire du Limousin* on trouve Gaubert de Malemort, sire de Monceaux ; Allemande de Malemort, mariée à Raymond IV de Turenne ; Aymeri de Malemort, sénéchal dans les diocèses de Limoges, de Cahors et de Périgueux par l'ordre du roi saint Louis. Il fonda une messe pour le repos de son âme dans l'église de Donzenac, où il fut enterré.

Elie de Malemort fut archevêque de Bordeaux en 1206.

Hugues, religieux de Saint-Dominique en 1270, fait bâtir une église à Brive, après avoir fondé un couvent de Frères prêcheurs.

Armes. — A la face d'argent et de gueules de six pièces.

Après Gérard de Malemort, dont le château fut pris par les Brabançons, on place dans l'ordre chronologique de la descendance Aymeri de Malemort, archidiacre de Limoges (1175) ; une fille mariée à Guy de Lastours ; Albain, abbé d'Uzerche ; Gerbert, fils de Gérard de Malemort ; Elie, l'archevêque de Bordeaux, mort en 1206 ; Pierre de Malemort (1224) ; Aymeri, chanoine (1225) ; Gilbert de Malemort, sénéchal, et son frère Gérard, sire de Donzenac (1246) ; Allemande, mariée à Raymond V de Turenne ; Gérard, qui lègue à la chapelle de Donzenac un marc d'argent à prendre sur la terre de

Malemort pour fondation d'une messe quotidienne ; Bernard de Malemort, marié à la fille d'Archambaud IV de Combern ; Gilbert, évêque de Limoges (1275) ; Elie, qui commença la construction de l'église de Saint-Etienne (1273) ; Henri, sire de Lignerias ; Aymeri, moine de Saint-Martial (1338).   (Extrait de la *Chronique de Vigeois*.)

En 1408, Pierre de Clermont, seigneur de Malemort, défend aux habitants de Brive « *la chasse et prise de bêtes sauvages* » sur les terres de sa seigneurie.

La terre de Malemort n'était au x° siècle qu'un simple fief dépendant de la vicairie de Brive ; mais plus tard ses possesseurs prétendirent ne devoir au roi que le serment de loyauté et « *non l'ost ne chevauchée de droit* » — (Lacuée, *Traité du Ban et de l'Arrière-Ban*.)

Malemort fut aussi appelé Beaufort dans les premiers siècles du moyen-âge, *Bello-Fortis*.

MASSON DE SAINT-FÉLIX.

Les Masson de Saint-Félix sont originaires du Rouergue et leur famille est italienne : elle n'apparaît en France que vers le milieu du xvie siècle.

Jean-Antoine Masson, seigneur de Saint-Félix, entra, en 1689, dans la deuxième compagnie des mousquetaires, y servit jusqu'au siége d'Ath (1697) où il reçut un coup de pertuisane au travers du corps et un coup de fusil à la tête.

Plus tard, inspecteur général des gardes bourgeoises (1721), au moment où la peste désolait le Midi de la France, il se distingua par son infatigable activité, par ses sacrifices personnels.

Louis XV, voulant récompenser le dévouement du sieur Masson de Saint-Félix, lui accorda la qualité de noble ainsi qu'à ses enfants.

La branche du Limousin s'est alliée aux familles de la Farge, de Soualhat, Rigol de Neuvialle.

Armes. — D'azur à une massue d'or garnie de pointes de gueules et posée en pal.

MAUMONT.

Alias MAULMONT.

Le prieur de Vigeois raconte qu'en 1120, le comte de Poitiers, Guillaume, vint au château de Ventadour rendre visite à Ebles III. Il y eut à cette occasion *festes* et *festins* ; mais un incident surtout flatta l'amour-propre du châtelain. Tandis que les seigneurs étaient dans la cour du château, on annonça à Ebles qu'un paysan venait payer le cens : On vit alors entrer une charrette pesamment chargée de tonneaux. Le censitaire, prenant une hache, brisa les cercles et fit rouler aux pieds des gentilshommes une quantité considérable de pains de cire qui montraient la richesse du suzerain.

Le vicomte récompensa le paysan qui lui avait valu l'admiration des Poitevins et lui donna la manse de Maumont. Ses fils devinrent chevaliers et possesseurs de terres seigneuriales, Châteauneuf, Châlus, Bourdeilles, etc.

La maison de Maumont a fourni des chevaliers de l'ordre du roi, des commandeurs de l'ordre de Malte, deux évêques de Tulle, etc.

Parmi ses alliances, il faut citer Aubusson, Combarel, Comborn, Gimel-Levis, Montboissier, Noailles, Thiers, Veilhan, Royère.

ARMES. — D'azur au sautoir d'or cantonné de 4 tours d'argent maçonnées de sable.

Marie de Bourdeille, sœur ainée du père de Brantôme, épousa vers 1550 le baron de Maumont. Elle eut de ce mariage un fils en qui s'éteignit la famille des seigneurs de Maumont, et une fille, belle et gentille, qui fut la maîtresse du Dauphin. C'est à elle que s'adressait la chanson :

« Brunette suis, jamais ne seray blanche. »

(Histoire du Bas-Limousin.)

MERCŒUR.

Maison d'ancienne chevalerie qui remonte au
x⁰ siècle et a pris son nom de la ville de Mercœur.
Elle commence avec Géraud d'Aurillac et s'éteint
avec Béraud de Mercœur. Ses biens passèrent
dans la famille de Bourbon et, plus tard confisqués,
après la trahison du Connétable, ils furent donnés
par François I⁰ʳ à Antoine de Lorraine.

Charles IX érigea Mercœur en duché qui était
encore possédé en 1789 par le prince de Conti.

ARMES. — D'or à la bande de gueules chargée de
trois alerions d'argent (Lorraine).

———

Divers auteurs disent que la place forte de Mercœur
était située au sud-ouest de la ville d'Ardes et qu'elle
était le chef-lieu d'une baronnie. Ce château aurait été
détruit par ordre du roi en 1567.

Bouillet prétend que la place de Mercœur ne devint
chef-lieu du duché « qu'après que celui-ci fut entré dans
« la maison Dauphine déjà en possession des principales
« terres du voisinage. »

Il ajoute que probablement le château de Mercœur
devait être au chef-lieu de la commune de *Mercœur* près
de la Voute-Chillac, ou bien au lieu de *Mercœur*, commune de Lubilhac, près de Blesle.

Nous, nous croyons devoir dire que « *Mercœur*, chef-
» lieu de canton de la Corrèze. » a pu donner son nom
à cette famille.

La Chesnaye des Bois et Audigier ont établi la généalogie de la maison de Mercœur.

MERLE.

Famille éteinte, alliée aux maisons de Lentillac et de Noailles. Elle tirait son nom d'un château bâti sur les bords de la Maronne, affluent de gauche de la Dordogne, à Argentat. Une commune du canton de Mercœur conserve ce nom : Saint-Geniez-ô-Merle.

Raoul de Merle, qualifié du titre de chevalier en 1264, fut père de Marguerite de Merle, épouse de Jean de Pleaux. François de Lentillac se maria avec Almodie de Merle en 1413; Jean II de Noailles épousa, en 1470, Gasparde, fille de Raymond de Merle, en deuxième noces, ayant été marié d'abord, en 1439, à Jeanne de Gimel dont il avait postérité.

D'après Coll, la famille de Luguet qui a figuré en Limousin jusqu'au xviiie siècle était une branche de la maison de Merle.

Armes. — D'or à deux cotices de sable mises en bande et accompagnées de six merlettes de sable.

MEYNARD.

La famille de Meynard est originaire de Tersac (châtellenie de Turenne, canton de Martel).

Les Meynard, bienfaiteurs de la cathédrale de Tulle, avaient leurs armes gravées sur la clef de voûte de cette église.

Au milieu de l'écu, une large main (main-ard.)

Pierre de Meynard fut envoyé par la ville de Tulle au siége de La Rochelle avec deux cents volontaires qu'il commanda.

Cette famille avait la préséance à Turenne dans toutes les fêtes.

MONCEAUX.

Cette terre, d'après un acte d'hommage daté de 1272, relevait de l'abbaye de Tulle. Elle donna son nom à la famille de Monceaux qui, dans les anciennes chartes, est aussi désignée sous les appellations de Molceau, Molceu, Molcéon. Les seigneurs de Monceaux possédaient aussi les terres de Bar et de Marcillac. Hogues de Cosnac épousa, en 1326, la fille de Bertrand Molcéo, sire de Bar (c'était le frère de Bertrand de Cosnac, cardinal). En 1369 a lieu le mariage de Jean de Molcéo, sire de Marcillac, avec la fille d'Etienne de Scoraille et de Marguerite de Sainte-Fortunade. En 1418, Jacques de Molceau, seigneur de Bar, assiste avec Jean de Baynac, Guy de Gimel, Bertrand de Maumont, etc., au mariage de Séguin de Commarque avec Antoinette Faucher de Sainte-Fortunade. En 1445, Alain de Beaupoil-Saint-Aulaire épouse Blanche de Monceaux. En 1491, Françoise de Monceaux de Bar se marie avec le fils d'Arnaud de Turenne, seigneur de Durfort-Sonrac, et de Cécile du Chambon.

La terre de Chambon, comme nous le disons autre part, avait été donnée par Pierre de Beaufort, vicomte de Turenne, en 1421, à Pierre de Rastelane et plus tard elle passa dans la maison de Fontange (1567.)

Au XVIe siècle, la maison de Monceaux s'établit en Auvergne et nous la voyons alors posséder les seigneuries de Brousse, de Vernoies, d'Hauteroche, etc.

ALLIANCES. — Cosnac, Scoraille, Maumont, de La Garde, de La Porcherie, de Saint-Aulaire, de Turenne, de Belveser, de Fontange.

ARMES. — Première branche : D'or à trois fasces de gueules ;

Deuxième branche : De gueules à trois fasces d'argent ;

Troisième branche : D'azur à trois fasces d'or.

———

La famille de Monceaux paraît éteinte, du moins sous ce nom. Il en existe d'autres dans la Beauce, la Champagne et le Bourbonnais.

MONTAIGNAC.

Originaires du Limousin et de la Marche, les Montaignac se sont habitués plus tard en Auvergne, en Lorraine, etc.

On les voit en Palestine (Bernard, croisé en 1095 ; Renaud, en 1250) ; à Rome avec Bourbon ; à Malte et à Rhodes.

ALLIANCES avec d'Auberville, Beaucaire, Caumont, Chabannes, Damas-Thianges, Kergaradec, Laroche-Aymond, Lastic, Monbel, Peschin, Raffin, etc.

ARMES. — De sable au sautoir d'argent cantonné de quatre molettes d'éperon du même.

DEVISE. — *Virtus mihi numen et ensis.*

———

NICOLAS DE LA COSTE.

Le 16 juin 1739, Alain de Nicolas, écuyer, sieur de La Coste, reçut de Louis-Pierre d'Hozier, juge général d'armes de France, le certificat constatant qu'il « était en droit de jouir de tous les priviléges » dont jouissaient les autres gentilshommes du royau- » me. »

Alain de Nicolas, sieur de La Coste, était alors _____ du roi. Il dut, pour faire ses preuves, _____ à _____ les pièces authentiques néces- _____

_____ à un lion d'or, langué, onglé et _____ de _____ et tenant de la patte droite une _____ la pointe en haut.

L'écu _____ d'un casque de profil orné de ses _____

NOAILLES.

Terre seigneuriale de la vicomté de Turenne. On trouve, en 1022, Raymond, seigneur de Noailles, dénommé comme bienfaiteur de l'abbaye de Saint-Martial-de-Limoges. Les cartulaires de Vigeois et d'Uzerche disent que les Noailles protégèrent les monastères du Limousin. C'est Hugues de Noailles qui, partant pour la Terre-Sainte, en 1248, substitua à l'effet la terre de Noailles à ses descendants.

Parmi les hommes illustres de cette famille, on compte :

Antoine de Noailles, né en 1504, amiral de France, négociateur de la trève de Vaucelles, en 1556 ;

François, évêque de Dax, ambassadeur de France en Angleterre, à Venise et à Constantinople ;

Anne-Jules, duc de Noailles, maréchal de France, vice-roi de Catalogne ;

Louis-Antoine, cardinal archevêque de Paris, duc de Saint-Cloud, pair de France, l'ami de Mme de Maintenon, le négociateur habituel de Bossuet et de Fénelon dans leurs querelles religieuses ;

Adrien-Maurice, duc de Noailles, maréchal de France, membre du conseil de la Régence pendant la minorité de Louis XV ;

Louis-Marie, né en 1756, qui, après le départ du roi pour Varennes, prêta serment à la nation et commanda Sédan et Valenciennes. Il mourut à la Havane après des actions d'éclat ;

Alexis de Noailles, qui ne voulut jamais céder à Napoléon Ier, lui offrant tous les grades et tous les honneurs.

« — Je puis, dit enfin l'empereur, obtenir de vous par la force ce que vous me refusez !

» — Je sais, répondit Noailles, que je puis comme un autre tomber dans les fossés de Vincennes ; mais c'est tout ce que vous pouvez obtenir. »

Cette maison est en possession du duché-pairie de Noailles, de la grandesse d'Espagne, du duché héréditaire d'Ayen, du titre de prince-duc de Poix, de celui de duc de Mouchy ; elle a fourni des chevaliers de l'ordre de la Toison-d'Or et du Saint-Esprit.

Armes. — De gueules à la bande d'or.

Catherine de Médicis confia souvent ses secrets politiques au marquis de Noailles évêque d'Acqs, qu'elle chargea de demander « Salluce la royaume d'Alger pour [...] (Vesay), il et demanda la prudence à la France en l'Espagne. Ce fut cet évêque qui commença la construction du château de La Fage, non loin de Vouillac. Ce château du temps de la régence du duc d'Orléans, devint le seul d'œil du cardinal de Noailles. Le principal corps de logis sert d'écurie aujourd'hui, et la petite chapelle est habitée par un colon.

Au-dessus de la porte sont sculptées les armes de Noailles. Du château primitif on ne voit que des pans de [...] et quelques tourelles en ruine. L'étable dont nous venons de parler est d'une construction en quelque sorte nouvelle (style Louis XV).

ORNHAC.

On prétend que la commune d'Orgnac, dans le canton de Vigeois, a été le berceau de la famille d'Ornhac qui porte aujourd'hui le nom et les armes de Saint-Chamans, en Auvergne, depuis l'an 1420. On fait remonter son ancienneté au xie siècle, époque à laquelle, dit-on, vivait Etienne d'Orhnac.

Cette maison de Saint-Chamans, comme on le sait, tire son nom du château de Saint-Chamans, non loin d'Argentat. Catherine de Saint-Chamans, mariée à Jean d'Ornhac, seigneur du Peschers, après la mort de ses frères et de ses sœurs, hérita d'une partie de la terre de Saint-Chamans et transmit à son fils Guy cet héritage.

ARMES. — Les armes de d'Ornhac étaient : D'or à trois corbeaux de sable.

PEYRAT DE JUGEALS.

Les Peyrat sont originaires de la vicomté de Turenne et semblent former souche dès l'an 1480. La terre de Jugeals, dans le canton de Brive, leur a appartenu jusqu'au XVIIᵉ siècle, époque à laquelle elle a passé aux mains d'une branche de la famille Sclafer, connue longtemps sous le nom de Jugeals.

La filiation des Peyrat de Jugeals a été prouvée devant M. de Portia, intendant d'Auvergne, depuis l'an 1367 où vivait Pierre de Peyrac ou Peyrat.

Cette maison passe en Auvergne en 1602 par le mariage de Mercure de Peyrat de Jugeals, fils de Jean de Peyrat et de Louise de Saint-Aulaire, avec Louise de Pralat. Cette union donne les seigneuries de la Bountat, de Veilhan et de Bassignac à la famille de Jugeals.

M. Bouillet ajoute qu'un représentant de cette famille signa l'acte de coalition de la noblesse d'Auvergne en 1791.

ALLIANCES. — Comborn, Pleaux, La Gorce, Clermont-Toucheboeuf, Faucher-Sainte-Fortunade, Rillac, Saint-Aulaire, Pralat, Saillans, Gironde-Montcléra, Corn. etc.

ARMES. — D'azur à la fasce d'or accompagnée de trois étoiles d'argent, deux en chef, une en pointe.

———

La maison de Veilhan, plus tard fondue dans celle de Peyrat de Jugeals, tirait son nom du fief de Veilhan dans la commune de Saint-Illide, en Haute-Auvergne. Il est fait mention en 1306 de Bernard de Veilhan.

PLANCHARD DE CUSSAC.

Cette maison a formé deux branches : 1° celle des barons de Cussac, éteinte aujourd'hui ; celle de la Grèze.

La famille de Cussac, représentée par M. Planchard de Cussac, juge de paix à Beaulieu, a été anoblie en 1760.

ARMES. — D'azur au chevron d'or.

———

Le château de Cussac, commune de Chaussenat (Cantal), qui a appartenu en dernier lieu à la famille Planchard, fut le berceau d'une famille très ancienne.

Durand de Cussac est dénommé en 1149 dans un acte de donation. Géraud de Cussac, écuyer, seigneur de Bransac, vivait en 1282. Guillaume de Cussac assiste, en 1287, à l'hommage que les religieux de Brogeac rendent à Henri, comte de Rodez, etc.

La seigneurie de Cussac a été successivement la propriété des familles de Moléon, de Veyrat, de Bompart et de Douhet.

———

PLAS.

La terre des Plas appartenait à une famille qui n'habite plus la Corrèze, mais qui est passée dans les provinces voisines : Quercy et Périgord. On la retrouve aussi en Auvergne et même dans l'Angoumois .

Les de Plas étaient possessionnés dans le Bas-Limousin, où ils avaient les seigneuries de Curemonte et de Puy-d'Arnac (Meyssac et Beaulieu).

En 1746, Guy, comte de Plas, marquis du Thillay, baron de Marcillac, épousa Marie-Françoise de Cordebœuf-Beauverger-Montgon.

ALLIANCES. — Scorailles, Fontanges, Lastic, Ligneyrac, Estresses, etc.

ARMES. — D'argent à trois jumelles de gueules.

POMPADOUR.

Guy de Lastours s'empara de la terre de Pompadour sur Adhémar Iᵉʳ, vicomte de Ségur et de Limoges, et y bâtit un château, une forteresse regardée comme le siége de la première baronnie du Limousin.

En 1536, le vicomte de Pompadour est remarqué à Limoges parmi les plus *illustres de la noblesse du Limosin;* sous Louis XIII, Philibert de Pompadour, vicomte de Comborn, était lieutenant-général du Haut et du Bas-Limousin; son frère Hélie, marquis de Laurière, lui succéda dans cette charge.

Par suite d'alliances nombreuses, ces seigneurs n'étaient plus de la lignée de Lastours (Voir le *Dictionnaire*).

Talleyrand-Beauville s'intitulait vicomte de Pompadour et de Ségur, baron de Treignac;

Alain d'Albret (1465) prit le titre de marquis de Pompadour;

Saint-Aulaire, Livron, Choiseuil, Rochechouart, etc., ont eu Pompadour.

Louis XV l'acquit pour Antoinette Poisson, femme Lenormand d'Étioles, à laquelle il donna le titre de marquise. C'est elle qui fit reconstruire le château (Voir l'*Histoire de France*).

Parmi les illustrations de la famille de Pompadour, on cite Hélie de Pompadour, conseiller au Parlement de Toulouse, évêque d'Alet (1411); Jean II, évêque de Viviers; Geoffroy, évêque de

Périgueux, grand aumônier de France, président de la Chambre des comptes (1544); Antoine, évêque de Condom (1491); Robert, doyen d'Angoulême, abbé de Terrasson ; un autre Robert de Pompadour, évêque de Poitiers, également abbé de Terrasson sous Louis XII.

Guy, frère de Gouffier-le-Grand (Voir le *Dictionnaire des Illustrations de la Corrèze*), alla à la croisade, en 1147, avec Comborn, Laroche Canillac, Saint-Chamant et Chaunac, et il mourut à Jérusalem.

Les armes des Lastours étaient d'azur à trois tours d'argent.

PRADEL DE LAMASE.

Cette famille, originaire du Languedoc, s'est établie à Uzerche, vers l'an 1300 ; mais les Pradel de Lamase se sont fixés à Vignols.

Jean, mort en 1652, marié à Catherine de Mazoyer, eut deux fils qui formèrent les branches actuelles : 1º de Lamase ; 2º de Lassaud qui a des représentants à Uzerche.

Daniel de Lamase, mort en 1670, avait épousé, en 1654, Marie de Roffignac, fille de Louis de Roffignac, seigneur de Saint-Germain-les-Vergnes, La Mothe et autres lieux, lequel était fils lui-même de Valérie Albert, sœur du cardinal Audoin Albert et du pape Innocent VI. Daniel avait été élu fourrier des écuries de la reine.

Jacques, fils de Daniel, seigneur de Lamase, co-seigneur d'Allassac, fut lieutenant-général de Brive, puis d'Uzerche. Il mourut le 7 octobre 1723, accompagné à sa sépulture « de tout le public qui « témoignait en cela avoir la dernière reconnais- « sance de son mérite (Nadaud, *Nobiliaire du Li-mousin*).

Dans l'arbre généalogique nous voyons encore Jean du Pradel de Lamase, chevalier, seigneur de Lamase, Charlier, Monternc, les Roupeyrout, La Chatrouille, La Mothe de Roffignac, co-seigneur d'Allassac, gouverneur d'Uzerche.

ALLIANCES avec Roffignac, Lanthonye, Maledent,

Savignac, La Morélie, Seilhac, Lubersac, Pasquet de La Roche, de Joussineau de Tourdonnet.

ARMES de Pradel de Lamase portent « de sable à trois barres ondées d'argent. »

Ces armoieries, d'après M. de Montégut, figurent dans le *Grand Nobiliaire de France* dressé sous Louis XIV en 1697 (Bibliothèque nationale des manuscrits). Cependant la famille possède un cachet où est gravé un écu de sable au lion d'or passant et au chef d'or chargé de trois billettes d'azur.

RIEU DU PRADEL.

Maison originaire du Quercy et habituée en Limouzin, au Pradel et à la Franconie, depuis l'année 1540.

Le Pradel appartenait à la famille de Combarel.

Les actes authentiques portent : Durieu de Rives, seigneur de la Rouquette, Saint-Salvadour, co-seigneur de Marmont, etc.

Une autre branche subsiste à Molières, en Quercy.

Les alliances sont avec Soulage, de Paluel, d'Albert, de Heuc, de Perrodie, de Reilhac.

Armes. — D'azur à trois faces d'argent ondées, au chef de gueules semé de trois fleurs de lys d'or.

———

Les du Rieu de Séverac et de Maisonneuve portent des armes dont les émaux diffèrent, à savoir : d'argent à trois faces ondées d'azur ; au chef du même chargé de trois fleurs de lys d'or.

La famille du Rieu a formé des branches très nombreuses dans le Rouergue, le Languedoc et l'Agenais. — 1° du Rieu de Séverac ; 2° du Rieu de Maisonneuve ; 3° du Rieu de Meynadié ; 4° du Rieu de Monrocourt. etc.

———

RILHAC.

Les Rilhac figurent dans l'*Histoire d'Auvergne* dès l'an 1290.

Louis de Rilhac, chevalier de Saint-Jean de Jérusalem, fut nommé maréchal de l'ordre en 1464.

Jean de Rilhac, seigneur de Nozières, grand bailly de Salers, reçoit, pour ses services, des lettres de félicitation de Charles IX, de Catherine de Médicis et de Henri III (1569, 1574, 1577).

Henri IV lui donne en 1585, la partie de la terre de Pleaux dont les rois de France jouissaient depuis le XIIIe siècle.

Son fils Jean, chevalier de l'ordre de Saint-Michel, fut député de la noblesse d'Auvergne aux Etats généraux de 1614.

François, baron de Rilhac, maréchal de camp en 1654, fut député de la noblesse du Limousin.

ALLIANCES. — De Veilhan, de la Garde, de Fontanges, de Clavière, de Maigné, de Sédières, de Tournemire, du Bois, de Robert-Ligneyrac.

ARMES. — Palé d'argent et de gueules de sept pièces.

RODOREL-SEILHAC.

La tradition attribue à la famille de Rodorel une origine irlandaise. Après la paix de Bretigny (1360), O'Reill, gentilhomme irlandais de l'armée du prince Noir, se serait établi en Quercy, sur un des nombreux points du territoire qui portent le nom de Roc. On disait le Roc d'Oreill, d'où l'usage de la langue française aurait fait Rodorel. La tradition, hâtons-nous de le dire, ne repose sur aucune pièce authentique.

La famille de Rodorel, il y a plus de trois siècles, se divisa en trois branches. Nous suivrons les deux branches cadettes en Quercy et en Limousin. L'aînée passa en Saintonge, où la dernière héritière du nom de Rodorel épousa messire de Die de Ribérac, sénéchal de Saintonge (V. le P. Anselme : *Grands officiers de la couronne*). Cette circonstance a dû transporter à des mains étrangères la plus grande partie des titres de la maison. Quelques-uns de ces titres, qui étaient au château de Seilhac, ont disparu dans le pillage du château, en 1793. Nous n'avons pu disposer que des papiers recueillis en Quercy.

Un contrat du 5 février 1403 mentionne, expressément, la qualité « noble » de Pierre de Rodorel, fils de « noble » Jean de Rodorel, seigneur de Freycinet. Depuis cette époque, la deuxième branche de Rodorel a continué à résider en Quercy, avec le titre des seigneuries du Roc, en Codomoy, Freyssinet, Conduché, Farguan, Montguin, Bouziès-Haut, Coronzac, Bogros, Terganson, Pech-la-Rive. Alliances : les maisons nobles de Beauclair, Cassagne, Cardaillac, Cunhac, Prévost, Cazillac. Les Rodorel rendaient hommage au roi, et ils ont été maintenus, sans conteste, sur la liste des gentilshommes de la province. Ils ont fourni des officiers à l'armée ; des prieurs et des abbés à l'Eglise. Cette branche s'est éteinte en 1759 (21 décembre), dans la personne d'Antoine de Rodorel, mort au château de Conduché (diocèse de Cahors). La sépulture de la famille était dans la chapelle du Saint-Sépulcre à Saint-Circq-la-Popie, et à Freyssinet, dans la chapelle portant le nom de Saint-Pierre et de Conduché.

Antoine de Rodorel, en mourant, laissa deux filles. L'aînée, Pétronille, fut admise chanoinesse comtesse du chapitre noble de l'Argentière (10 avril 1781), il fallait, pour être reçue dans ce chapitre, faire preuves de huit races de noblesse paternelle, sans principe, et de trois races de noblesse maternelle, également sans principe.

En 1629, les Rodorel de la troisième branche s'établissent en Limousin. Annet de Rodorel, fils de Pierre, épouse Jane de La Gorse, demoiselle de Gourdon. Charles de Rodorel, écuyer, seigneur de la Brousse, eut la seigneurie de Seilhac, par son mariage avec Josephte-Léonarde de Juyé, fille de Pierre de Juyé, seigneur de Seilhac (1672-13 juin). Les Rodorel du Limousin ont signé : seigneurs de Gourdon, de la Chassagne, de la Brousse, des Pradelles, de Seilhac. Ils y sont alliés aux familles de Gourdon, La Gorse, Beaufort, Limoges, Lamase, Sahuguet, Tourdonnet.

Placet de M. d'Aguesseau, commissaire du roi,

pour la vérification des titres de la noblesse, en faveur de messire Annet de Rodorel (1 sept. 1667).

Proclamation du 26 septembre 1633, des gentilshommes de la sénéchaussée d'Uzerche, pour la poursuite de ceux qui prennent faussement la qualité de gentilshommes, en faveur de noble Annet de Rodorel, écuyer, seigneur de Gourdon.

Attestation de services de Charles de Rodorel, écuyer, seigneur de Gourdon (sept. et nov. 1674), signée Pompadour, Saillant, Turenne.

1700. Grand hommage au roi par Pierre de Rodorel.

La famille de Rodorel compte deux capitaines de cavalerie ; deux lieutenants-colonels ; des lieutenants du roi ; des brigadiers des gardes du corps ; des majors d'infanterie ; trois chevaliers de Saint-Louis ; des pages de la reine ; un lieutenant des maréchaux de France.

Pour être admis aux pages, on devait établir, par pièces originales et authentiques, les degrés de filiation jusqu'en 1530, sans aucun anoblissement ou privilège attributif de noblesse depuis ladite année.

Gabriel de Rodorel, lieutenant des maréchaux de France (1775), avait été page de la reine Marie Leczinska. La reine avait eu l'occasion d'apprécier son dévouement dans plusieurs missions importantes en Allemagne. Louis XVI, voulant reconnaître les services de Gabriel de Rodorel, le nomma lieutenant des maréchaux de France à Tulle et lui donna gracieusement le titre de marquis.

La famille de Rodorel est actuellement représentée par MM. Louis et Léon et par une fille, Marie. Ces enfants proviennent du double mariage de Martial de Rodorel, marquis de Seilhac, avec deux sœurs de la famille de Tourdonnet. Branche cadette : le comte de Seilhac.

Les titres sur lesquels est établie la généalogie des Rodorel ont tous le caractère authentique, et se trouvent aux archives de la maison. — On nous a communiqué, à ce sujet, une lettre autographe de d'Hozier, ainsi conçue : « Il y a, monsieur, certains proverbes auxquels il ne faut pas ajouter foi. On dit communément qu'il n'y a rien de nouveau sous le soleil. Je vais vous prouver le contraire : j'habite, certainement, au-dessous de cet astre, et je n'avais jamais entendu parler de la famille de Rodorel-Seilhac. Quoiqu'il en soit, la production faite par cette famille est très en règle depuis 1523 ; les filiations exactement prouvées et les titres originaux sans reproches. »

La lettre est du 26 juillet 1762 et se rapporte probablement à la production de Martial, frère de Gabriel de Rodorel, pour entrer aux pages, où il fut, en effet, admis.

ARMES. — D'azur à un roc d'or ; couronne de marquis.

ROYÈRE.

La famille de Royère, dit l'auteur de l'*Histoire du Bas-Limousin*, prétend descendre d'un chevalier nommé Olivier, qui aurait pris part à la première croisade d'où il aurait ramené, dans le Limousin, des chevaux arabes. Aucun document historique n'en fait mention.

En 1430, Pierre de Royère, seigneur de Brignac, épousa Elise de la Jarosse et demanda par son testament à être inhumé dans l'église de Royère avec ses ancêtres.

En 1480, Pierre épousa Souveraine de Lastours. Il demanda à être inhumé dans l'église d'Ayen.

En 1545, alliance d'un autre François de Royère avec la famille d'Aubusson. Ce dernier avait obtenu de Henri de Navarre, comte de Foix, vicomte de Limoges, la justice haute, moyenne et basse.

Un acte daté de Collonges (1656) porte alliance de Louis de Royère avec la famille de Friac.

En 1731, Jean-Marc de Royère épousa Catherine de Salignac-Fénelon.

Jean de Royère, seigneur de Peyraux, vint à la cour de son suzerain (Pompadour), dit la chronique, jurer foi et hommage *en posture de vassal*.

ARMES. — D'or à trois faces de gueules ondées et au chef d'azur.

SAHUGUET.

La famille de Sahuguet d'Amarzit, dont le nom de souche est Amarzit, a son origine dans le Bas-Limousin. Le nom de Sahuguet vient par héritage de Jacques de Sahuguet, premier président au présidial de Brive.

Pierre d'Amarzit, seigneur de Saint-Michel, Marilhac et Vauzours, épousa Françoise de Sahuguet, fille de Denis, conseiller en l'élection de Brive. De ce mariage naquit Jacques-Gilbert de Sahuguet d'Amarzit, seigneur de Marilhac et du Viallart, premier président au présidial de Brive. Son oncle maternel, Jacques de Sahuguet, l'avait, par son testament du 30 juillet 1658, fait héritier de tous ses biens sous la condition que lui et ses descendants porteraient à perpétuité le nom et les armes des Sahuguet.

Jacques-Joseph, seigneur d'Espagnac, était vice-sénéchal du Bas-Limousin, puis fut prévôt-général et inspecteur des maréchaussées.

Pierre-Joseph, seigneur de Laroche, fut premier capitaine de la brigade de Vieby au régiment des carabiniers.

Guillaume, premier fils de Jacques-Joseph, chevalier, seigneur de Puymarais, Joren, Rhodes, fut député de la noblesse de la vicomté de Turenne en 1737; Jean-Joseph de Sahuguet d'Amarzit, dit le baron d'Espagnac, brigadier des armées du roi et sous-lieutenant-général au gouvernement d'Issoudun, acheta, des commissions de Sa Majesté, le 2 mai 1748, à titre de propriété incommutable, la terre et baronnie de Cazillac pour en jouir lui, ses hoirs et ses ayant-cause au même titre que les anciens barons de Cazillac et sous l'hommage réservé au roi. La baronnie de Cazillac, dans la sénéchaussée de Martel, élection de Figeac, était réputée la deuxième du Querci.

Il fut substitué à ses frères aînés dans la baronnie d'Ussac par testament du 1er juin 1748 de sa cousine germaine Catherine de Sauverie de La Porte.

Voir le *Dictionnaire des Illustres* de la Corrèze pour le baron d'Espagnac, gouverneur des Invalides, ami du maréchal de Saxe, et pour le général de Sahuguet de la Roche, gouverneur de l'île de Tabago (mort en 1861).

ALLIANCES. — Certain, Dubois, du Faure, Verlhac, Galibert, Grifollet, de Laporte, Berryar, Seilhac, etc.

ARMES. — De gueules à deux épées d'or, les pointes en bas accompagnées en chef d'une coquille d'argent et en pointe d'un croissant de même.

SAINT-AULAIRE.

Maison originaire de Bretagne, fixée plus tard en Limousin (Le château de Saint-Aulaire près d'Ayen fut bâti en 1444).

Hervé et Geoffroi de Beaupoil se croisèrent en 1248 (chevaliers de Bretagne). Louis de Beaupoil, marquis de Lanmari, et Marc-Antoine-Front de Beaupoil ont eu l'office de grand échanson de France. La maison Beaupoil de Saint-Aulaire a fourni un grand nombre d'officiers généraux, un ambassadeur, des chambellans, etc.

ALLIANCES avec les Caumont-Laforce, Grimard, de Beauvoir, du Roure, Harcourt, Soyecourt, Vivonne etc.

ARMES. — De gueules à trois accouples de chiens d'argent, liées d'azur, mises en pal, posées 2 et 1.

———

On lit dans les *Annales du Limousin* t. 2 p. 655 :

François de Saint-Aulaire épousa Françoise de Volvire de Ruffu, de laquelle il eut trois fils et huit filles. L'une de ces dernières épousa un cadet de la maison de Jugeals. La famille de Beaupoil comptait un si grand nombre de bâtards que Jean, premier du nom, abandonna le nom de Beaupoil pour ne garder que celui de Saint-Aulaire, croyant ainsi sauver l'antiquité de sa race.

De son mariage avec Anne Gachette de La Mothe, il eut plusieurs enfants, entre autres Marguerite, mariée au baron de Saint-Chamans, lequel fut tué en duel par l'aîné de la maison de Lon, et Jean II, qui épousa Marguérite de Bourdeilles. Cette dernière était citée pour la blancheur de son teint qu'elle transmit à la maison de Saint-Aulaire dont les enfants étaient noirs.

Germain de Saint-Aulaire possédait la terre de Mansac.

SAINT-CHAMANS.

Odon de Saint-Chamans, figure à la deuxième croisade ; Géral de Saint-Chamans, à la troisième croisade.

En 1343, Bertrand de Saint-Chamans et ses frères sont obligés de se reconnaître vassaux de l'abbé de Tulle.

Guillaume de Saint-Chamans, de l'ordre des Frères prêcheurs, est enterré avec pompe, disent les chroniques, dans le cloître de Saint-Martin de Tulle, qu'il était venu visiter en sa qualité de prieur et où il décéda.

Le sire de Saint-Chamans est nommé chevalier de l'ordre du Saint-Esprit, dès la création, en 1578, par la volonté de Catherine de Médicis. — On sait que le nombre des chevaliers était limité à cent.

Jean et Antoine de Saint-Chamans, les deux frères, étaient d'abord du parti des ligueurs et passèrent ensuite sous la bannière d'Henri IV.

ALLIANCES avec les principales maisons de France.
Henri de Saint-Chamans, gouverneur de Therouenne, de Verdun et de Marienbourg, porta le premier, au haut de l'écu de ses armes, une *engrelure*, que Henri II lui permit d'ajouter, comme marque d'honneur pour avoir vaillamment défendu Therouenne en 1553. Cette *engrelure* représente une palissade qu'il fit placer devant la brèche du rempart de la place assiégée, avec des gabions et des,

fascines et d'où, par un feu continuel, il trouva le moyen d'empêcher l'escalade.

Le château de Saint-Chamans dont on voit encore les ruines, passa, par le fait d'une alliance, de la famille de ce nom à celle des comtes d'Escars ou des Cars (Voir Pérusse : des Cars).

ARMES. — De sinople à trois faces d'argent ; une engrelure de même en chef.

On les voit encore à la clé de voûte de l'église et à la clé de voûte de la tour, seul reste du vieux castel.

SAINT-EXUPÉRY.

Le château de Saint-Exupéry, sur le territoire de la commune de ce nom, a été le berceau d'une antique famille qu'on a appelée aussi Saint-Supéry. Cette terre a appartenu plus tard à la maison de Lavergne, à celle de Beaufort et par suite aux La Tour d'Auvergne.

Hélie de Saint-Exupéry ayant épousé, en 1330, Marthé de Miremon, vint s'établir en Auvergne. Gaubert de Saint-Exupéry, son fils, vivait en 1558 et le frère de celui-ci, Géraud, forma la branche qui subsiste encore en Périgord.

Guy épousa, au mois de mai 1548, Madeleine de Saint-Nectaire, qui a joué un rôle héroïque dans les annales de l'Auvergne et du Bas-Limousin. « Cette » femme à une rare beauté unissait le plus grand » courage. Maîtresse du château de Miremont, elle » avait réuni autour d'elle soixante chevaliers, tous » jaloux de mériter son amitié et son estime. »

De Guy de Saint-Exupéry et de Madeleine de Saint-Nectaire naquirent trois filles : Françoise, Rose et Madeleine.

ARMES.—La branche du Périgord, dont nous avons parlé, porte :

D'or au lion de gueules.

SALVANIE.

On lit dans Baluze qu'après de vifs démêlés avec l'évêque de Cahors, Pierre de Salvanie et Guillaume de Sudre furent frappés d'excommunication parce qu'ils se disaient consuls et lui disputaient la prééminence. Pierre et Guillaume se réfugièrent à Laguenne (près Tulle), en l'année 1248.

La famille de la Salvanie, très ancienne à Laguenne, compte des alliances avec Bort, Sudre, d'Argent, Cosnac, Lanthonnye, Villoutrey. Les Salvanie étaient tous gens d'épée : un des leurs fut fait prisonnier à la bataille de Poitiers (1356).

Mesnire de la Salvanie, chevalier de Lyssat, était écuyer cavalcadour de la reine Marie Leckzinska.

Armes des Salvanie-France : coupé d'argent et d'azar, à trois étoiles de l'un à l'autre, 2 et 1. Devise : *impavidus*.

SCLAFER.

Famille originaire de la Grande-Bretagne, habituée dans la vicomté de Turenne dès l'occupation anglaise.

La souche s'est toujours maintenue à Turenne et a fourni une longue suite de notaires, archivistes et gardes-notes de la vicomté.

Plus tard, on les voit dénommés dans les actes en qualité de conseillers du roi et juges de Noaillac et de Ligneyrac.

De vieux titres trouvés dans les papiers vendus à la succession de M. Tournier de la Virgondie et qu'on a tant bien que mal recueillis à Turenne, ont permis de remonter la lignée des notaires jusqu'à Henri IV, soit quatorze notaires féodistes et gardes-notes de la vicomté. Le dernier fut Louis-Antoine, marié à demoiselle Goursac, fille de Goursac et de demoiselle de la Morinière. Le père de Louis-Antoine est titré conseiller du roi, juge royal de Noaillac et Ligneyrac. De cette souche principale sont sortis les Sclafer (de Turenne) et ceux de la Gironde.

ALLIANCES avec les maisons de Bergues-la-Garde, Certain de la Rode, de Valon, de Véran, de Villepreux, etc.

ARMES. — D'azur à trois fers de lance d'argent accostés.

Les Sclafer de la Rode avaient des armes par-

lantes : une roue (du mot limousin *rode)* et signaient
en latin : *de Rotis.*

Noble Jacques de Sclafer, écuyer, sieur du Mazal,
habitait Beaulieu en 1700.

Son fils, noble Louis Sclafer, sieur du Levadour,
est désigné, en 1719, sous les noms de noble Louis
de la Rode, écuyer, sire du Levadour.

On trouve, en 1768, messire Gabriel Sclafer de la
Rode, écuyer.

———

Les Sclafer de Chaunac étaient alliés à la famille
de Chaunac, où ils avaient acquis le fief de ce nom.

Armes. — D'argent au lion de sable.

———

Sclafer de Jugeals. — Le château de Jugeals,
dans les environs de Brive, qui appartenait autrefois
à la maison fort ancienne de Peyrac et ensuite à
celle de Vezian, était devenu, en dernier lieu, la
propriété d'une branche de la famille Sclafer (de
Turenne), connue de nos jours sous le nom de Sclafer de Jugeals.

Alliances. — Laquenille, Fénelon, Bachélerie,
Septfonts, Sabugnat, Rivet, Coanac, etc.

Armes. — Composées de *Chaunac* et de *Peyrac de
Jugeals.*

Appartiennent à la maison Sclafer : Honoré Sclafer, littérateur et savant ; et le romancier Angelo de
Sivry (Ludovic Sclafer).

———

On a voulu faire dériver le nom de *Sclafer* ou *Sclafer
de Chaunac,* des mots limousins *los daus fa,* attendu qu'un

membre de cette famille aurait été chambellan d'un La Tour d'Auvergne, et, par conséquent, *clavifer*, au même rang que les *siguifer*, *ensifer*. Cette traduction nous parait plus qu'erronée. On nous avait assuré que nous trouverions des *clefs* dans les armes des Sclafer. Nos recherches n'ont rien amené de semblable. Sclafer, Esclafer, Esclafferd sont un seul et même mot, qui est devenu *nom propre* de famille, comme Sclavar, Esclavard, qui a la même origine.

Du Cange, au mot : *Abbas Esclaffardorum, dux et præfectus initæ societatis ad mutuam deffensionem, inter clericos, ecclesiæ de Romanis in Delphinatu. Nec hujus modi abbates seu potius rerum suarum defensores clerici laicique, sibi eligerent prohibet ordinatio facta per arbitros inter archip. Vienn. et capitulum, clericos civesque romanenses, an.* 1274. To. I, His. Delphin, p. 132.) *Item, cùm clerici ecclesiæ qui vulgariter Esclaffardi dicuntur, etc.*

D'autre part, par corruption, on pourrait faire dériver ce nom de *Escaetor*, vu les fonctions remplies de temps immémorial dans cette famille : « *Escaetor, magistratus apud Anglos cujus munus erat res in fiscum principis quolibet jure redactas in provinciis diligenter exquirire et colligere.* »

Les Latour, en venant s'installer à Turenne, amenèrent un grand nombre de gentilshommes d'Auvergne, dont les familles s'établirent dans la vicomté. C'est pourquoi nous retrouvons les mêmes noms dans le *Nobiliaire* des deux provinces d'Auvergne et de Limousin, mais avec d'autres noms patronymiques. Des alliances ont produit cette adjonction de titres, comme aussi des acquisitions de fiefs nobles ont donné, en quelque sorte, le droit à des familles de la vicomté de prendre, après un long temps, les noms portés par les familles d'Auvergne.

Cette particularité se présente ici plus que partout ailleurs :

1° Sclafer de Chaunac; 2° Sclafer de la Rode ; 3° Sclafer de Jugeals ; 4° Sclafer de la Gorse.

Dès le XVIe siècle les Sclafer étaient en possession des seigneuries de Chaunac et de Jugeals.

Extrait de l'inventaire des Archives départementales :

Procès entre Catherine de Sclafer et Jacques Berthalot (1655) ;

Testament de dame Jeanne Esclafer, veuve de messire Arnaud de Poujol de Laferrière (1770) ;

Cession d'une rente par messire Daniel Sclafer de la Rode, chevalier, seigneur de Chaunac (1772) ;

Acte d'inhumation de dame Jeanne Sclafer du Poujol, dame de Bourzolles et de Rey de Vigne (1781).

SCORAILLES.

Alias D'ESCORAILLES.

Maison illustre connue en Auvergne, en Limousin, en Berry, en Agenais, en Bourgogne et en Rouergue, et qu'on fait remonter authentiquement à Begon, Comptour de Scorailles, lequel testa en 1030. Le château de Scorailles ou d'Escorailles est situé dans la Haute-Auvergne entre Mauriac et Pleaux (*castrum Scorailicum*). Les chroniques relatent les siéges qu'il a soutenus contre les Wisigoths et sa prise d'assaut par Pépin-le-Bref.

Plusieurs branches sont sorties de cette antique souche.

Dans les illustrations de famille, nous trouvons des sénéchaux, des maréchaux de camp, des lieutenants-généraux et 52 officiers en activité de service sous le règne de Louis XIV.

Raymond Ier d'Escorailles, vivant en 1083, apparaît dans une charte relative à l'église de Mercœur fondée par sa famille. Ici, il s'agit bien du Mercœur limousin et aucun auteur n'a élevé un doute à ce sujet.

Guy, fils de Raymond Ier, et son frère Raoul prirent la croix en 1095. Ils rapportèrent de la terre sainte *les chefs* de Saint-Côme et de Saint-Damien qu'ils donnèrent à l'abbaye de Brogeac. De concert avec l'évêque de Clermont, ils vinrent délivrer

l'abbé de Saint-Pierre de Sens, prisonnier à Ventadour.

Géraud de Scorailles, abbé de Tulle (1153), et
Etienne de Scorailles, dont la descendance passa
dans la famille de Monceaux (1369), étaient les
petits-fils de Guy.

Louis de Scorailles, seigneur de Roussille et de
Montpentier, conseiller et chambellan de Charles VII, sénéchal du Berry et du Limousin, figure
parmi les vaillants capitaines qui combattirent
l'Anglais avec la pucelle d'Orléans.

Marquis, seigneur de Scorailles fonda en 1439,
avec Louis de Ventadour, un couvent de Cordeliers
à Saint-Projet, sur la Dordogne, aux limites de la
Corrèze et du Cantal.

Dans la branche des marquis de Roussille et de
La Mazière, nous distinguons Jean Rigaud de Scorailles, comte et ensuite marquis de Roussille, baron
de Fontanges, qui commanda au siège de Montrond
le régiment d'Espinchal, en qualité de mestre de
camp. Il fut le père de Marie-Angélique de Scoraille,
duchesse de Fontanges, maîtresse de Louis XIV.
Son petit-fils, Louis-Théodore de Scorailles, était
lieutenant-général du roi, dans la Haute-Auvergne,
en 1758.

Dans la branche des seigneurs de Torcy, on
trouve Etienne-Marie de Scorailles, lieutenant-général en 1758.

La branche de l'Agenais est issue de Mondon de
Scorailles, fils de Begon VI (1364).

Alliances. — De Castelnau-Bretenoux, Comborn,
Roder, Albois, Grossaldet, La Roche-Aymon, de
Dienne, de Salignac-Fénélon, de Montal, de Saint-
Chamans, Vigier de Prades, de Bort de Pierrefitte,

de Pestels, de Douhet-d'Auzers, Fayet de La Tour, Tournemire, de Barriac, de Salers, de Caissac, de Corn, de Royère, de Fontanges, de Tubières, de Ribeyre, d'Izarn, etc.

Armes. — D'azur à trois bandes d'or.

SÉDIÈRES (LENTILHAC).

Famille fondue en 1647 dans celle de Lentilhac.
Bertrand de Lentilhac se croisa en 1248.

Pierre II de Sédières (1528) qui avait pris le parti d'Henri IV, vit ériger en vicomté sa terre de Sédières dont le château avait été bâti par Laurent d'Albiars. Le nom d'Albiars fut transmis vers la fin du XIVe siècle à Jean de Bothier, baron de Gimel, qui devint vicomte de Sédières par la suite.

La généalogie des Sédières s'établit ainsi pour le Limousin : Raymond Ier; Jourdain, 1260 ; Guillaume de Gimel, sire de Sédières, 1280; Pierre Ier, 1320 ; Guillaume, 1360 ; Guillaume III, 1366 ; Jean, 1420; Guillaume IV, 1425 ; Dominique et Pierre II, 1528 ;

Les descendants de François de Lentilhac, seigneur de Sédières, furent :

Mathurin, baron de Gimel, créé comte par Louis XIV; François, comte de Sédières, 1740 ; Antoine Armand, 1761 ; Louise-Marie-Joseph, 1801.

Son successeur prend le titre de comte de Sédières.

ALLIANCES avec Aubusson, Brachet, Castelpers, Clermont-Tonnerre, Corn, Leseure, Saint-Chamans, Valon, etc.

ARMES. — De gueules à la bande d'or.

DEVISE. — *Non lentus in armis.*

Guillaume Bothier, le premier connu à Gimel, était bachelier ès-lois et fit son testament en 1421. Son fils était Jean Bothier, seigneur de Sédières.

Comme nous l'avons dit, Jean-François de Lentillac ayant épousé, le 29 avril 1647, Philiberte, seule fille du vicomte de Sédières, la branche du Limousin n'eût pas d'autres héritiers.

ARMES. — D'azur au chevron d'or accompagné de trois palmes de même.

SÉGUR.

Les Ségur ont fourni des ambassadeurs, des gentilshommes de la Chambre, un surintendant de la maison d'Henry de Navarre, un maréchal de France, un évêque, un ministre de la guerre, un grand nombre d'officiers généraux.

Guillaume et Raymond de Ségur étaient croisés en 1248.

« L'histoire de la maison de Ségur présente une singularité remarquable. Plusieurs familles historiques des plus illustres de France ont fini par des alliances avec elle et, par suite, les noms de Montaigne, Lamoignon, d'Aguesseau ont été relevés par divers de ses membres et ajoutés par eux à celui de Ségur (Milleville). »

ILLUSTRATIONS. — Henri-François, comte de Ségur, le beau Ségur, né en 1689, mort en 1751, prit part à la guerre de la succession d'Autriche, figura à la capitulation de Linlz, à la défense de Prague et à la retraite de Pfaffenhofen. Le lieutenant-général de Ségur avait épousé une fille naturelle du duc d'Orléans.

Philippe-Henri, marquis de Ségur, maréchal de France, 1724-1801.

Philippe, comte de Ségur, lieutenant-général, membre de l'Académie française, sénateur, pair de France, 1753-1833.

L.-Ph. de Ségur, fils du précédent, lieutenant-général et pair de France, auteur de la *Campagne de Russie*. Joseph-Alexandre, vicomte de Ségur, deuxième fils du maréchal, 1756-1805, maréchal de camp en 1799. Il composa divers ouvrages pour le Théâtre-Français, l'Opéra-Comique et le Grand-Opéra.

ALLIANCES avec d'Allonville, Aguesseau, Froissy, Grailly, Lamoignon, Luçay-Polignac, Rotopschin, Salignac-Fénelon, etc.

ARMES. — Écartelé aux 1 et 4 de gueules au lion d'or; au 2 et 3 d'argent plein.

SELVE.

Cette famille est originaire de Brive. Chamborand de Selve et Chabisaud de Selve y étaient consuls en 1531 et en 1581.

ILLUSTRATIONS. — Pierre de Selve, cardinal au XIV° siècle; deux évêques, l'un à Saint-Flour, l'autre à Lavaur; Jean de Selve, conseiller au Parlement de Bordeaux; plusieurs de Selve, ambassadeurs.

Jean de Selve, premier président aux Parlements de Bordeaux, de Rouen et de Paris, négocia la rançon de François Ier pour laquelle Pierre de la Garde, un autre Limousin, ambassadeur en Portugal, obtint de Jean III 600,000 écus prêtés (voir le *Dictionnaire des Hommes célèbres de la Corrèze.)*

SERRE DE BAZAUGOUR.

Voir le *Dictionnaire des Illustres* de la Corrèze à l'article « Serre. »

Le 19 août 1769, Antoine Serre de Bazaugour désirant prêter le serment pour sa réception dans l'office de conseiller au sénéchal et siége présidial de Tulle, fait faire une enquête touchant ses bonnes vie, mœurs, religions, catholique, apostolique et romaine, produit des lettres de dispense d'alliance accordées par Sa Majesté.

Nous trouvons, le 3 août 1574, un contrat par lequel Messire Jean-Martin de la Selve, écuyer, conseiller-secrétaire du roi, maison-couronne de France, et messire Jean-Martin-Gabriel de la Selve, écuyer, seigneur du Chassain, vendent à messire Jean Serre, juge du chapitre, leur maison, située au quartier de la Rivière, à Tulle. Cette maison touchait par le jardin à celle de messire de Meynard des Combes et par le bas à celle du trésorier de l'église cathédrale.

Un extrait des registres des délibérations de la commune de Chamboulive, le 22 mai 1794, établit qu'il s'est glissé une erreur lors de la répartition des privilégiés, pour 1789. On a oublié de porter messire Serre de Bazaugour sur le rôle. Aussi le conseil municipal réclame pour que le susdit paie l'impôt destiné à acheter des fusils pour la garde nationale.

ARMES. — D'azur à la bande d'or accompagnée de deux cerfs d'argent courant ; un en haut, l'autre en bas.

SOUDEILLES.

Famille éteinte qui a tenu un rang distingué dans le duché de Ventadour : elle est aujourd'hui dignement remplacée au château du Lieuteret par la maison de Vaublanc.

Dès l'an 1322, nous voyons figurer le nom d'Hugues de Soudeilles.

Il suffirait de citer le titre des documents qui existent aux archives départementales pour donner une idée de l'ancienneté de cette famille et pour suivre sa filiation jusqu'au xviiie siècle.

Annet de Soudeilles fit un don de 42,000 livres au collége des Jésuites de Tulle, et pour utiliser ce don, une mission fut fondée en 1671.

Dès l'an 1696, les Soudeilles sont titrés marquis.

THÉMINES, LA CROIX DE CASTRIES.

De Lauzières de Thémines appartient à l'Agenais.

Lauzières de Thémines était major-général des dragons de France et son fils fut aide-de-camp du duc d'Enghien en Westphalie, où il mourut.

Lauzières de Thémines, marié à Marguerite-Thérèze-Aimée-Geneviève de La Croix de Castries, fut page de l'impératrice Joséphine. Il était cousin de la reine Hortense par sa mère Mlle Rochemorin de Beaurepaire.

M. de Thémines est mort en 1854.

ARMES. — Écartelé au 1er d'argent à l'osier de sinople qui est de *Lauzières*; au 2e de gueules à deux chèvres d'argent passant, qui est de *Pons*; au 3e aussi de gueules au lion d'argent entouré de treize besants du même, qui est de *Cardaillac*; au 4e de gueules et d'or de six pièces chargé de trois fleurs de lys d'argent, qui est de *Thémines*.

L'ancienne maison de Castries descendrait, d'après la tradition, de Saint-Roch, fils de Jean de La Croix, gouverneur de Montpellier pour les rois de Majorque. Andoque, dans son *Histoire du Languedoc* (livre 12), dit : « C'est de la croix que ce » saint apporta sur sa poitrine en venant au monde, » que les seigneurs de La Croix ont pris, dans la » suite, leur nom et leurs armes. »

Une autre tradition veut que le nom de La Croix ait été donné, au retour des croisades, à un chevalier qui toujours porta sur sa cotte d'armes la croix de Jésus pour laquelle il avait fait le voyage en terre sainte.

Jean de La Croix, en 1320, rend hommage à Bertrand de Goth.

Jean, deuxième du nom, se signale en 1421 contre les Anglais et assure le gain de la bataille de Baugé.

Henri de La Croix, dit d'Ussel, baron de Castries, fut tué en 1542 en Allemagne, étant guidon des gendarmes du comte de Sancerre.

Son fils, Jean de La Croix, créa la branche des seigneurs d'Anglars en Limousin.

ILLUSTRATIONS. — Jacques, colonel d'infanterie au siége de Mostreil en 1632; René-Gaspard, emporté d'une volée de canon au siége de Tarragone en 1641; Nicolas-François, chevalier de Malte, qui périt au combat de la porte Saint-Antoine en 1652; René-Gaspard de La Croix, auquel le roi donna, en 1639, le marquisat de Varembon; Joseph-François de La Croix, maréchal de camp.

ALLIANCES. — Cezeli de Saint-Aunez, Courtenay, Montfaucon, Guilhem, d'Aubenas, de la Vegliac, de l'Hôpital, de Brachet, de Rochechouart, de Sèvres de Charlus, de Morceau, de Saguare de la Fromange, de Thémines, etc.

ARMES. — D'azur à la croix d'or chargée d'un croissant d'argent. D'autre part, un cachet de la famille porte : d'azur à la croix d'argent chargée d'un croissant d'or.

————

Les deux familles dont les noms précèdent sont représentées dans le canton de Neuvic d'Ussel par madame la vicomtesse de Thémines, née de La Croix de Castries.

TOURDONNET.

Ancienne famille qui fit ses preuves, en 1771, afin de monter dans les carrosses du roi.

En 1764, le marquis de Tourdonnet, grand écuyer du roi, fut nommé directeur du haras de Pompadour et devint le premier titulaire de cet emploi.

La famille de Tourdonnet avait un caveau sous les dalles de l'église d'Uzerche.

TITRES. — De Joussineau, marquis et comtes de Tourdonnet, marquis et comtes de Fayat, barons de Peyrelevade, sires de Fressinet, de Fayat, de Mandeys, de Besson, de Lavalade, de Lavergne, de Rilhac.

La famille de Joussineau florissait en Limousin dès le XIe siècle, mais elle portait alors le nom de Fressinet. — Jossinellus était un prénom qui finit par former la patronymie Joussineau.

Jean de Joussineau, marquis de Tourdonnet, mestre de camp, chevalier de Saint-Louis, fit ses preuves devant Chérin en 1771. Il était à la bataille de Fontenoy.

ALLIANCES. — Nantiat, Peyrissac, Raffignac, Badefol, Lavergne, Pompadour, de Gain, Bonneval, Saint-Crieq, Sarrazin, etc., etc.

ARMES. — De gueules au chef d'or.

TOURNEMIRE ou TOURNEMINE.

Maison originaire du château de Tournemire, assiégé par Pépin-le-Bref en 767, lors de la guerre contre Waïfre, duc d'Aquitaine. La seigneurie de Tournemire était fort étendue en Haute et Basse-Auvergne.

Dès l'an 1030, on voit figurer le nom de cette famille dans une donation faite par Ebles Ier, vicomte de Comborn, de Turenne et de Ventadour, à l'abbaye d'Uzerche.

En 1077, Pierre de Tournemire se fait moine dans le monastère de Saint-Martin-de-Tulle, après la mort de sa femme. Il laissa plusieurs enfants dont l'un devint seigneur de Pierre-Buffière en 1094.

Pierre II prit la croix au concile de Clermont en 1095.

En 1102, Jacques de Tournemire assiste au siége de Tripoli.

Des lettres du duc de Berry, datées du 8 septembre 1365, qualifient Bertrand de Tournemire du titre de chevalier.

On compte six branches de Tournemire.

ILLUSTRATIONS. — Jean de Tournemire, qui livre à la justice Emerigot Marcel. Un autre, Jean, qui défendit le château de Murat en 1569, avec une très faible garnison, contre les attaques des religionnaires. Antoine de Tournemire, capitoul de Toulouse en 1472; six de ses descendants ont été aussi capitouls. Henri de Tournemire, maréchal de camp en 1704, puis lieutenant-général, et Hector, admis aux honneurs de la cour.

Cette famille a des illustrations contemporaines qui continuent dignement de la représenter.

ALLIANCES. — Gourdon, Saint-Chamans, Beauclair, de Cromières, de la Mothe, Dienne, Gontaud-Biron, de La Tour, Douhet, la Greffière, Trinquier, Roche de Sauvat, de Ribier, Charlus de la Borde, etc., etc.

La branche qui subsiste en Limousin a été formée par Antoine de Tournemire.

ARMES. — En 1450, les Tournemire portaient : d'or, à trois bandes de sable ; au franc quartier d'hermine et à la bordure de gueules chargée de onze besants d'or.

Le seigneur de Leybros avait : d'azur à la tour d'argent.

Celui de Marzes : d'or à la tour de gueules, accostée de deux étoiles d'azur et à la cotice d'argent brochant sur le tout.

La branche du Languedoc portait : d'azur à la tour d'argent surmontée de deux étoiles d'or et accostée de huit mouchetures d'argent.

TURENNE.

Rodulphe est le premier seigneur de Turenne dont l'histoire fasse mention. Il fut enterré à Sarazac en 840, et laissa, en mourant, six enfants qui se partagèrent ses domaines. L'un fut comte du Quercy et l'autre vicomte de Turenne.

Après vient Bernard, véritable vicomte de Turenne, lequel marie ses filles à Comborn et à Aubusson.

Archambaud de Comborn est ensuite vicomte de Turenne et a pour descendants les Ebles et les Raymond qui figurent parmi les chevaliers croisés.

La vicomté de Turenne fut acquise en 1350 par Guillaume-Roger de Beaufort au prix de 145,000 florins d'or ; mais au bout de 94 ans, Anne de Beaufort restait héritière de la vicomté et transmettait cet important domaine à la maison de La Tour d'Auvergne par son mariage avec Agne de la Tour (1444.)

ILLUSTRATIONS. — Henry de la Tour d'Auvergne, vicomte de Turenne et maréchal duc de Bouillon ; son fils, le grand Turenne.

Louis XV acheta le vicomté en 1738.

Le contrat de cette vente fut retenu par Bouron et son confrère, notaires au Châtelet, à Paris.

ARMES. — La maison de La Tour d'Auvergne portait anciennement de gueules, à la tour d'argent, crénelée de trois créneaux, avec machicoulis, deux fenêtres et une porte, le tout maçonné de sable (Baluze t. 1 p. 247 et 250).

En 1191, elle substitua au champ de gueules un champ d'azur ; et depuis 1222, elle chargeait ce dernier champ de fleurs de lis sans nombre (id. p. 277 et 280).

———

François II de La Tour se distingua dans toutes les expéditions du règne de François Ier. Il fut gouverneur de Gênes et comme ambassadeur il négocia le mariage de Marie, fille d'Henry VIII, avec le roi de France. François Ier l'envoya en Espagne pour traiter de la rançon des fils de France et plus tard pour régler les conditions du mariage d'Eléonore avec le roi. Dans cette dernière circonstance il fut assisté de deux seigneurs limousins, Louis de Cosnac et Antoine de Noailles, *gentilshommes du roi de France*. Il mourut en 1532 à Villèches (Bretagne). François Ier lui fit rendre les plus grands honneurs jusque dans la vicomté de Turenne (voir Baluze).

Les tombeaux des vicomtes de Turenne étaient autrefois placés sous la voute du porche de la cathédrale de Tulle. L'inscription suivante prouve qu'ils en furent enlevés en 1698 :

Sub hoc fornice
Condita sunt olim corpora vicecomitum
Turenensium quorum monumentis vetustate
Ferme collapsis, et ob faciliorem aditum
Ad ecclesiam anno MDCXVIII dirutis
Serrenissimus princeps Emmanuel-Theodosius
Cardinalis bullonius hunc titulum ad
Conservandum majorum suorum memoriam.

Frédéric-Maurice de la Tour mourut à Pontoise et son corps fut porté à Evreux dans l'abbaye de Saint-Tauron. Il avait épousé la fille de Frédéric comte de Berg et en eut quatre enfants : le comte d'Auvergne, Emmanuel-Théodore, cardinal, grand aumônier de France, mort en 1715 à Rome ; Constantin, chevalier de Malte, et Henry. Ces deux derniers moururent en duel. Geoffroy-Maurice de La Tour (comte d'Auvergne), vicomte de Turenne, mort en 1721, fut enterré à côté de son père à Evreux. Il avait épousé la nièce de Mazarin (Anne Mancini) dont il eut : Emmanuel-Théodose, vicomte de Turenne ; Frédéric-Jules, prince d'Auvergne ; Henri-Louis, comte d'Evreux. Le vicomte Emmanuel mourut en 1730.

Avant les La Tour d'Auvergne, les Turenne avaient des armoiries qui représentaient le château, le rocher et la grande tour.

Les ruines du château de Turenne auront toujours un attrait bien grand pour l'historien et pour l'artiste. Il ne reste aujourd'hui de cette demeure splendide qui dominait une contrée luxuriante de végétation que la tour ronde improprement appelée *Tour de César* et la tour carrée où l'on voit la salle immense dite salle des Gardes. La *Tour de César* est parfaitement conservée.

Au pied des rochers, s'étage le bourg de Turenne autrefois habité par des familles nobles et opulentes.

De loin, ce bourg, ces tours, ces ruines produisent un ravissant effet de paysage.

ARMES. — Les armes de la vicomté étaient coticé d'or et de gueules.

Louis-Raymond de Beaufort, vicomte de Turenne. laissa plusieurs enfants naturels et par son testament du mois de juillet 1399, recommanda à sa sœur, Eléonore de Beaufort, de les faire légitimer. Il leur donna les seigneuries d'Aynac, d'Ussac et de Durfort-Soursac.

C'est ainsi que se forma, en Quercy, la maison de Turenne-d'Aynac d'où sortirent les deux branches 1° des Turenne-d'Aubepeyre ; 2° de Durfort-Soursac.

Arnaud de Turenne épousa Cécile de Rastelane du Chambon dont il eut Annet de Turenne, seigneur de Durfort-Soursac (aujourd'hui canton de Lapleau) qui fut marié à Françoise de Monceaux de Bar (1490).

Jean de Turenne, baron de Durfort-Soursac, épousa Suzanne de Rilhac (1445) et son fils, Arnaud, se maria, en deuxièmes noces, avec une fille d'Antoine de Scorailles, seigneurs de Rousseille et de Lamazière. Cette branche s'éteignit dans la famille de La Majorie par le mariage de François de La Majorie avec Anne de Turenne, le 21 février 1593.

La maison de Turenne-d'Aynac est encore aujourd'hui représentée.

ARMES. — Ses armes sont : d'argent à la bande d'azur accompagnée de six roses de gueules en orle (Roger Beaufort-Turenne).

Baluze, comme on le sait, s'est attiré les disgrâces de Louis XIV en publiant les degrés de la généalogie des ducs de Bouillon qui semblait prouver une origine remontant aux ducs d'Aquitaine et favorisait des prétentions à la possession de la comté d'Auvergne.

C'est une bien illustre maison que celle *des sires de La Tour par la grâce de Dieu* ! On les dénommait ainsi : en 1014 ; et en 1418, ils étaient redevenus comtes d'Auvergne. En 1444 ils sont comtes de Beaufort et vicomtes de Turenne ; en 1591, ducs de Bouillon, princes de Sedan et de Raucourt et ducs d'Albret.

Ces alliances sont princières et quant aux dignités dont ses membres ont été revêtus, elle n'a rien à envier aux plus grandes familles de France.

La première branche des sires de La Tour finit en 1501, Jean III n'ayant laissé que des filles : 1° Anne mariée à Jean Stuart ; 2° Madeleine qui épousa Laurent de Médicis et fut la mère de la reine Catherine de Médicis.

La deuxième branche formée en 1314, par Bernard de La Tour, était celle des vicomtes de Turenne, ducs de Bouillon et d'Albret, etc., s'éteignit en 1812 dans la personne de Jean-Léopold-Charles-Godefroy de La Tour d'Auvergne, né en 1746 et mort sans postérité.

La troisième branche créée par Raymond fils d'Agne IV et d'Anne de Beaufort est la seule qui soit représentée encore par les enfants de Gudefroy-Maurice-Marie-Joseph de La Tour d'Auvergne-d'Apchier, résidant près de Saint-Flour.

Cette branche possédait les seigneuries de Murat-le-Quaire, de Saint-Exupéry et de Chavanon.

La quatrième branche qui date de 1629, est celle des seigneurs Planchat et de la Roche-Dounezat, finit en la personne de René de La Tour, mort à l'armée d'Italie. Il était fils de Frédéric-Maurice comte de La Tour.

ARMES : 1° de gueules à la tour d'argent ;
— 2° d'azur à la tour d'argent ;
— 3° d'azur semé de fleurs de lys d'or à la tour brochante d'argent, maçonnée de sable.

Plus tard, devenus comtes de Boulogne et d'Auvergne, les sires de La Tour écartelèrent leurs armes avec celles de Boulogne et y ajoutèrent le gonfanon d'Auvergne.

USSEL.

Maison d'illustre et ancienne origine, que les historiens font remonter au fils puîné d'Ebles III de Ventadour et d'Agnès de Bourbon, Guillaume d'Ussel, fondateur de l'abbaye de Bonne-Aygue, en 1137.

Le généalogiste de la famille d'Ussel s'exprime ainsi au sujet de la co-possession de la ville d'Ussel entre les Ventadour et les d'Ussel dès le milieu du XIIe siècle : « Il est certain que cette vaste terre fut » partagée, vers 1130, entre Ebles et Guillaume de » Ventadour. Ce dernier, selon l'usage des temps, » retint le nom d'Ussel. La ville d'Ussel *a toujours* » *fait partie de la vicomté de Ventadour.* »

Cette dernière phrase ne me paraît pas historique et je le prouve en disant avec un auteur :

Hugonnet d'Ussel était, en 1262, possesseur de cette seigneurie, *qui alors ne relevait pas de la vi-* *comté de Ventadour.* Elle lui avait *été donnée en fief* *par le dauphin d'Auvergne, qui la tenait d'Alphonse* *de Poitiers,* frère de saint Louis.

La seigneurie d'Ussel passa ensuite par mariage dans la famille de Rohan-Soubise. Le maréchal de ce nom la vendit à M. de Villemontée de Barmontel. « Ce ne fut qu'en 1612 que la seigneurie d'Ussel » appartînt tout entière au duché de Ventadour, par » l'acquisition de sept portions, propriété de la mai- » son de Chateauvert, et de cinq autres vendues en

» 1658 par la maison d'Anglars. » (Le P. Anselme, *Histoire des grands officiers de la couronne*.)

ILLUSTRATIONS. — Guillaume d'Ussel, fondateur de l'abbaye de Bonne-Aygues, en 1457 ; Guy, Ebles et Pierre, troubadours au XII⁺ siècle ; Robert d'Ussel, abbé de Bonne-Aygue, en 1250 ; et successivement des abbés, des chevaliers des ordres du roi et onze chevaliers de Malte.

POSSESSIONS. — La seigneurie d'Ussel, la baronnie de Chateauvert, la baronnie de Saint-Martial-le-Vieux ; la châtellenie de Charlus (dans la paroisse de Saint-Exupéry). Le château de Charlus-le-Poilloux était bâti sur un roc presque inaccessible ; — la baronnie de Crocq (Creuse), — les armes de Crocq sont un assemblage de celles de ses anciens seigneurs et l'écusson d'Ussel est au centre ; la baronnie de Flayat ; la terre d'Eygurande ; le château de La Gasne, aujourd'hui possédé par M. de Selve de Sarran ; la terre d'Anglars (paroisse de Sainte-Marie-la-Panouse).

ALLIANCES avec les principales maisons de France : Des Ages, La Gasne, d'Anglard, de Calonne, de Bougainville, de Bourbon-Montluzon, de Cosnac, de Gain, de Lestranges, de Tourdonnet, Ligneyrac, La Rochefoucaud, Roche-Aymond, Payrac de Jugeals, La Rode, Sartiges, Saint-Georges, Villelume, etc., etc.

Le représentant de la famille d'Ussel, dans la Corrèze, est Jean-Hyacinthe-Alfred, comte d'Ussel, ancien membre du Conseil général, directeur de la ferme-école de Neuvic et fondateur de l'hospice de cette ville. Il est marié à Marie-Louise-Pierre-Claire Esquirou de Parieu, sœur de l'ancien président du Conseil d'Etat et belle-sœur de Victor de Laprade, l'académicien.

ARMES. — D'azur à la porte ou huis d'or accompagné de trois étoiles du même et cloué et ferré de sable, deux en chef, une en pointe.

Les généalogistes disent que ces armes sont parlantes ; *huis-scel*, par abréviation de *huis-scellé*, signifie porte fermée et correspond au mot *Ussel*.

Les trois étoiles posées, deux en chef, une en pointe, désignent les deux rivières qui font d'Ussel une presqu'île en venant se joindre à l'extrémité du territoire.

L'écu est timbré d'une couronne de marquis.

Support : deux lions contournés.

Devise : *huis-scel est mon droit.*

——

Anne d'Ussel épousa un sire de Bourbon et fut l'aïeule de la dauphine d'Auvergne, mariée en 1371 à Louis de Bourbon (Jaubicton, *Histoire de la Marche*, t. I, p. 400).

Les d'Ussel sont titrés marquis, comtes et vicomtes d'Ussel, co-seigneurs d'Ussel, de Saint Exupéry, de Charlus-le-Pailloux et d'Anglard, seigneurs d'Eygurande, de Chateauvert, de la Courtine, de Bech, de la Garde-Guillotin, de Marze, de Flayat, du Trioulou, de Crocq et autres lieux, en Limousin, Marche et Auvergne.

En 1769, Hélie d'Ussel et Ebles de Ventadour ratifièrent la donation faite d'une maison à Ussel pour loger les pauvres de la ville.

Cette maison a fourni des chevaliers bannerets, des capitaines d'hommes d'armes, des chevaliers de l'ordre du roi, des gentilshommes de la chambre et plusieurs officiers supérieurs qui ont servi la monarchie avec dévouement.

Dans les familles qui comptent une longue suite d'ancêtres, il est à peu près impossible de ne pas trouver au moins un indigne représentant. Plus le blason est poudreux, plus on y trouve aisément des taches inévitables. Les gentilshommes d'illustre souche, comme les d'Ussel,

13

n'en doivent pas moins marcher la tête levée, car ils ne répondent que d'eux seuls; et d'ailleurs, n'y a-t-il pas assez de gloire derrière eux pour effacer toute souillure?

Je me permets, alors, de rappeler que Guyot d'Ussel, vassal du roi d'Angleterre, suivit le parti de ce monarque dans les guerres du quatorzième siècle et fut le lieutenant du fameux Emerigot Marcel, son neveu, surpris par les Français au château de la Roche-Vendays, en 1390. On sait le sort de ce trop célèbre aventurier.

Nous lisons dans le *Nobiliaire d'Auvergne* :

« D'Ussel, seigneur d'Ussel, du Vernet et autres lieux, dans les mouvances de Gannat et de Chantelle en Bourbonnais.

» La terre qui avait donné son nom à cette famille est située près de Gannat. La maison de Mercœur y avait des droits en 1228 et 1320, du chef de Béatrix de Bourbon, épouse de Béraud VIII, sire de Mercœur. — Morel d'Ussel, damoiseau, reconnut tenir du sire de Bourbon l'hôtel du Vernet, ensemble les droits seigneuriaux dont il jouissait dans la paroisse d'Ussel et autres, en 1300. Ses successeurs Geoffroy, Hugues, Etienne, Pierre, Gilbert et Jean fournirent de semblables reconnaissances en 1322, 1351, 1356 et 1455. Cette famille paraît s'être éteinte dans la maison de Bellenave (Baluze, t. I, p. 187). »

VALON.

Alias VALLON.

Trois branches de cette famille : l'aînée en Auvergne, les deux autres en Limousin.

Armand de Valon se croisa en 1248 (chevalier du Quercy, ce qui explique pourquoi je ne l'ai pas désigné dans la nomenclature).

Hugues de Valon était commandeur de l'ordre du Temple à Espalion, en 1221.

Henry IV, dans une lettre adressée à un Lubersac, disait :

« D'Ambrugeac m'est venu joindre avecque tous les siens ; chasteaux en croupe s'il eût pu. »

Les de Valon ont souvent porté le nom d'Ambrugeac depuis la fin du XVe siècle, époque à laquelle ils s'établirent en Limousin. La branche d'Auvergne a gardé ce nom.

En 1787, le comte de Valon, chevalier de Saint-Louis, était lieutenant du maréchal duc de Fitz-James, à Epinense.

ARMES. — Ecartelé d'or et de gueules. L'écu timbré d'une couronne de comte.

La famille de Valon a fait ses preuves de cour.

ALLIANCES avec Goudechart, Marbœuf, Montjoie, Casteligne, etc.

Dans le *Nobiliaire d'Auvergne* on trouve l'article suivant :

« Cette maison établie en Limousin, ensuite en Auvergne, est originaire du Quercy et prouve sa filiation par titres depuis Bernard de Valon, seigneur de Gigouzac, en Quercy, mariée avant 1399 à Florence de Neuvic-Champiers en Limousin. De cette union naquit Guérin de Valon, seigneur de Gigouzac, en faveur duquel Guillaume de Neuvic, chevalier, disposa de sa seigneurie de Champiers, et qui reçut de Marguerite d'Ussel, sa parente, par donation du 23 février 1399, la terre de Boucheron, dont ses descendants portèrent longtemps le nom avant qu'ils eussent adopté celui d'Ambrugeac qui est celui d'une autre terre située près de Meymac. »

Jacques de Valon obtint du roi Charles VII, la permission de faire fortifier le château d'Ambrugeac en 1444.

ARMES. — Écartelé aux 1 et 4 d'or à 5 lions de gueules posées 2 et 1 ; aux 2 et 3 contre-écartelées d'or et de gueules.

Dans les divers nobiliaires on dit : deux autres branches existent en Limousin, l'une représentée par le comte de Valon, ex-député de la Corrèze ; l'autre par les enfants de François de Valon, dont l'un a été employé supérieur de l'Administration des Domaines ; M. le comte de Valon n'admettrait pas, ajoute-t-on, cette communauté d'origine.

———

En 1453, Jacques de Valon épouse Huguette de Beynette, dame d'Ambrugeac (château près de Meymac).

———

VASSIGNAT.

Ce nom s'écrivait autrefois Vassignhat, d'après les titres en date de 1500, et aussi Vassinhac. C'est cette dernière orthographe qu'a adoptée la famille de Vassinhac d'Imécourt, alliée aux Clermont-Tonnerre et représentée par le comte d'Imécourt.

De 1400 à 1677, les Vassignhat furent gouverneurs de la vicomté. A cette époque, Gédéon de Vassignhat vendit sa maison noble de Collonges (Meyssac), ses propriétés et son droit de *Bontage* à Isac de Canolles de la maison de Royère, mais avec défense de prendre son nom, ses armes et la qualité de seigneur dudit lieu.

Gédéon suivit le vicomte de Turenne et vint s'établir en Champagne où il épousa l'héritière d'Imécourt, puis dans les Ardennes où les Vassignhat perdent le titre de comtes d'Imécourt.

Un membre de cette famille avait épousé Antoinette de Caumont, fille de Pierre de Caumont, seigneur de Langlade en Querey et devint, à cause d'elle, seigneur de Langlade vers 1550 ; il épousa en secondes noces Marguerite de Vaulx.

Un autre Vassignhat était seigneur et bailli héréditaire de Céyrac, en Querey.

Armes. — D'azur à la bande d'argent.

Leurs armes existent encore sur le mur extérieur de la chapelle de Vassignat, à présent la sacristie de l'église de Saint-Pierre de Collonges

VENTADOUR.

Duché dont dépendait Ussel. La seigneurie d'Ussel, qui était passée par mariage dans la famille de Rohan-Soubise, fut vendue à M. de Villemontée de Barmontel. Ce ne fut qu'en 1642 qu'elle appartint tout entière au duché de Ventadour par achat de propriété aux maisons de Châteauvert et d'Anglars. (V. le P. Anselme.)

Une branche de la maison de Comborn posséda d'abord la seigneurie de Ventadour, qui passa, au XVIe siècle, entre les mains de la famille de Lévis.

En 1738, elle fut érigée en duché-pairie.

Madame de Ventadour, fille de la maréchale de La Mothe, assista aux derniers moments de Louis XIV, tenant dans ses bras l'héritier du royaume. Elle fut la gouvernante de Louis XV.

Le dernier duc de Ventadour, qui fut gouverneur de Flandre et du Hainaut, eut deux filles : l'une mariée au prince de Condé, l'autre à Rohan-Guéménée.

Les biens du duché furent vendus à la Révolution.

Armes. — Échiqueté d'or et de gueules.

———

Ebles, premier vicomte de Pompadour, était fils d'Archambaud de Comborn. Ebles VI, époux de Galienne de Malemort, vivait en 1272 ; il rendit hommage, pour la terre de Malemort à l'évêque de Limoges et prenait le titre de seigneur de Donzenac. C'est en faveur de Bernard (1347) que la terre de Ventadour fut érigée en comté.

Charles, comte de Ventadour, épousa, en 1445, Catherine de Beaufort, fille de Pierre Roger de Beaufort, vicomte de Turenne, et de Blanche de Gimel.

Sa fille Blanche, épousa, en 1460, Louis de Lévi, comte de la Voulte.

Ebles II, fils d'Ebles Ier et d'Almodée de Montbrond, prit part à la deuxième croisade et porta le surnom de *Cantador*, car c'était un des meilleurs troubadours de son époque. Il s'essaya dans tous les genres de poésie et s'occupa de *cansos, serventes*, ou satyres jusque dans sa vieillesse : « *Usque ad senectam alacritatis carmina diluit, et quia erat valde gratiosus in cantilina.* » (G. Vosien.)

Le château de Ventadour, dont les ruines sont encore aujourd'hui de l'effet le plus pittoresque, était bâti sur un rocher, à trois cents pieds au-dessus de la Luzège, qui en défendait l'accès ... site sauvage, entouré de grands arbres, porte à ... noblie et rappelle, plus que tout autre, les temps féodaux. Après la bataille de Poitiers, le vieux Bernard, comte de Ventadour, se vit enlever son castel par l'aventurier anglais Geoffroy *Tête-Noire*, qui avait corrompu l'écuyer Pons du Bois, moyennant la somme de six mille francs. Geoffroy faisait, de temps en temps, des sorties sur les territoires voisins et ravageait le pays. Froissart dit de lui : « Tenait en son castel quatre cents compagnons. Et dedans avait les plus belles pourvéances et les plus grosses que nul sire put avoir, et faisait guerre aux Anglois comme aux François. Si seoit le chastel en si fort lieu et sur telle roche, que assaut qu'on lui peut faire, ne lui peut porter nul dommage. » Ses neveux, Allain et Pierre Roux, continuèrent les mêmes déprédations après sa mort ; mais Guillaume-le-Boutillier fit reprendre le château en 1389 et les deux chefs bretons envoyés à Paris, pieds et poings liés, furent écartelés à titre de grands pillards (1390).

VERDIER.

Famille qui a fait ses preuves de noblesse : trois arrêts ont été rendus à ce sujet en faveur de Gauthier du Verdier ; et plus tard, Jean-Jacques du Verdier, fils du précédent, a obtenu deux sentences de maintien.

SEIGNEURIES. — Peyranges, La Valade, Congerie, Le Mas, Arfeuille.

ALLIANCES. — Bors, Genouilhac, Chenaud, Peyrusse d'Escars, Verninhac, etc.

Un du Verdier, allié à la maison d'Escars, s'établit à Carcassonne au XVIe siècle et forma une branche dans laquelle on distingue : 1° un abbé de Saint-Martial de Limoges ; 2° François, évêque d'Angoulême.

ARMES de l'évêque. — D'azur à trois branches d'olivier d'or sur un croissant d'argent.

ILLUSTRATIONS. — Jean et Gauthier du Verdier, présidents, trésoriers-généraux de France au bureau des finances de Limoges ; Gabriel et Pierre du Verdier, conseillers au Parlement de Bordeaux.

Ce dernier fut appelé au nombre des juges qui devaient perdre Fouquet par la volonté de Colbert (1661-1664), et il eut le courage d'ouvrir un avis opposé à celui du ministre et à la première résolution du roi, en demandant en vertu de quel décret Fouquet avait été arrêté.

Armes. — Ecartelé de gueules et d'azur au lion issant d'or 1 et 4; à trois branches d'olivier d'or poussées sur un croissant d'argent aux 2 et 3.

VEYRIÈRES DU LAURENS.

La famille de Veyrières, en 1657, 1667 et 1785, a fait ses preuves de noblesse. L'histoire de la province dénomme souvent les seigneurs de Veyrières à diverses époques.

En 1518, elle s'est réunie à la maison du Laurens par le mariage de noble Amatrix de Veyrières, de Laroquebrou, en Auvergne, avec noble Delphine du Laurens.

En 1604, le seigneur du Laurens fait déposer entre les mains de Pierre de la Serre, sénéchal de Turenne, par procuration, son hommage comme possesseur du fief dans la commune d'Astaillac, lequel fief avait été cédé autrefois à ses ancêtres par les vicomtes.

« Le bourgeois chargé de représenter le seigneur
» du Laurens, assisté de noble Jean Sclafer, son
» procureur, ayant quitté son chapeau, son man-
» teau, sa ceinture, son épée et ses éperons, se mit
» à genoux et plaça ses mains jointes dans celles du
» sieur de la Serre, et se reconnut vassal du vi-
» comte. »

Les armes des de Veyrières du Laurens ont été mal décrites dans le *Nobiliaire du Limousin* (manuscrits de l'Arsenal et du Louvre), et, par suite, dans les *Nobiliaires* de Grandmaison et Biestap. Elles sont d'argent à trois verres à pied de gueules *(qui est de Veyrières)* ; à la branche de laurier de sinople en bande et en abîme *(qui est du Laurens)*.

VIELCASTEL.

« Deux jeunes chevaliers de la famille de Viel-
» castel marchaient aussi sous les bannières du vi-
» comte de Turenne, allant à la croisade. Ils avaient
» nom Etienne et Pierre de Salviac. »

(*Histoire du Bas-Limousin.*)

La famille de Salviac de Vielcastel, ancienne et
justement honorée, habitait autrefois le château de
Lentillac.

Le baron de Vielcastel vint, au commencement
de ce siècle, s'établir à Versailles, dont les habitants
le nommèrent colonel de la garde nationale en 1814.
Il préserva cette ville du pillage des soldats prus-
siens. En 1816, il fut décoré de l'ordre de l'Aigle-
Rouge et le roi de Bavière le nomma commandeur
de l'ordre du Mérite. Il était aussi chevalier de
Saint-Louis.

En 1818, le roi le nomma colonel chef d'état-ma-
jor des gardes nationales de Seine-et-Oise.

M. de Vielcastel devint sous-préfet de Sceaux
en 1820.

Le baron Charles-Théodore de Salviac de Vielcastel, son fils, naquit au château de Lentillac le 31
août 1790 et entra comme auditeur au Conseil d'E-
tat en 1814. Sous-préfet à Nogent-sur-Seine et à
Sceaux, on le destitua en 1824, au sujet de l'élection d'un candidat à la Chambre des Députés.

Réintégré à Neufchâtel, il devint plus tard sous-préfet de Dieppe. Il est mort maître des requêtes au Conseil d'Etat, le 25 avril 1830.

M. de Vielcastel avait épousé la fille de M. le vicomte de Boisse, lieutenant-général, et il laissa deux enfants, dont le cadet est mort tout jeune.

L'aîné, M. le baron de Vielcastel, qui habite Paris, est aujourd'hui l'héritier de nom et d'armes de la famille.

Une autre branche de la famille de Vielcastel habite le château de la Roussie, près de Sarlat.

DOCUMENTS

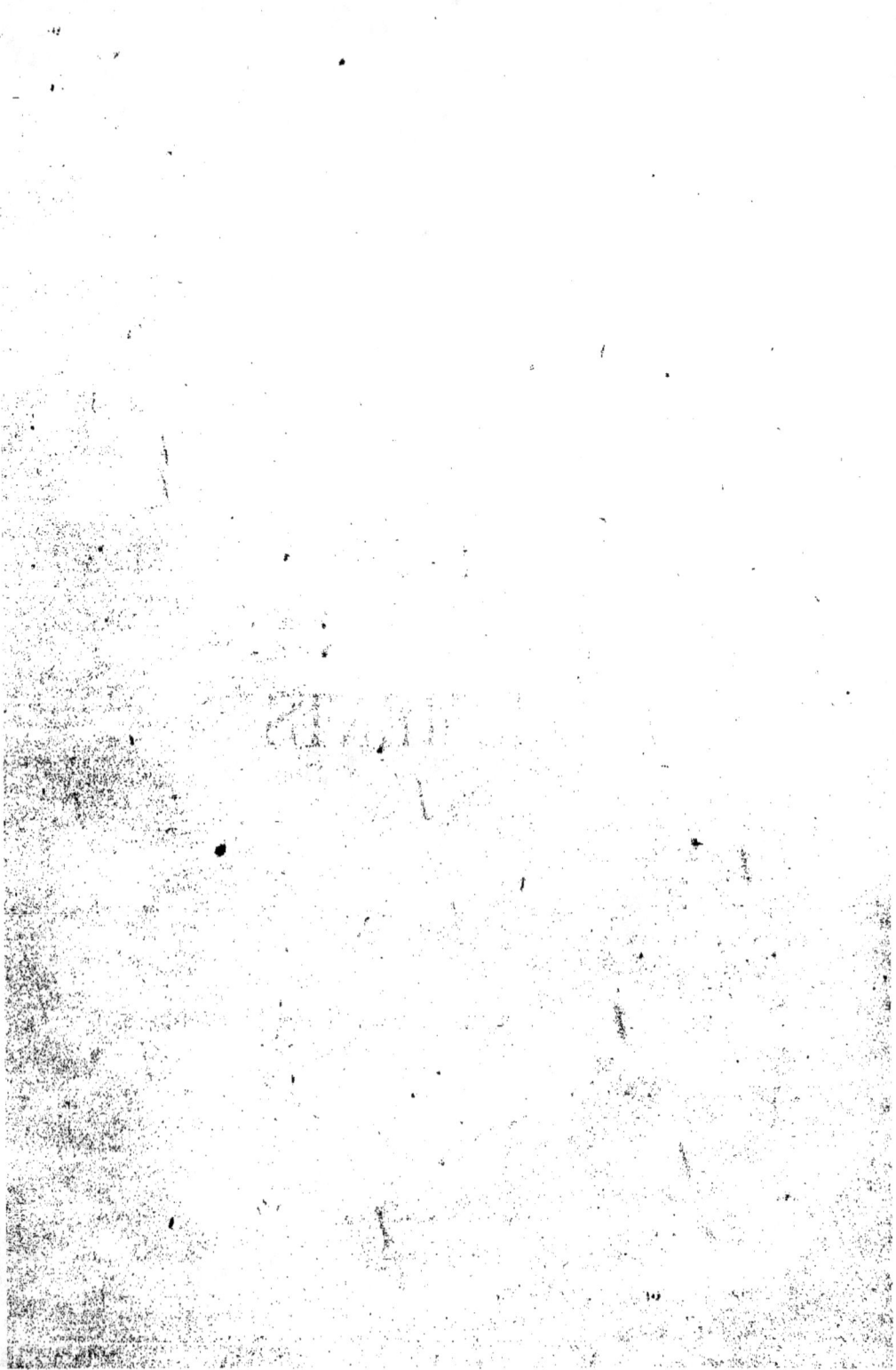

LISTE DES SÉNÉCHAUX.

Yamus (anglais), 1186-1190 ;
Brandin (anglais), 1194 ;
Pierre Audiar ; Henry, 1227 ;
Bertrand de Kardaillac (anglais), 1260 ;
Bernard de Livron (France), 1236 — date douteuse ;
Gilbert de Malemort, 1240-1243 ;
Pierre de Servian, 1261 ;
[...] de Trappes, 1269 ;
Jean de Saint-Denis, 1290 ;
[...] de Belvezens, 1323 ;
[...] 1333 ;
[...] 1370 ;
[...]
[...]
[...]
[...]
[...]
[...]
[...] 1488 ;
[...]
[...]

[...] qui seuls, lesquels ont des sénéchaux particuliers.

LA NOBLESSE AUX CROISADES[1]

CHEVALIERS ET ÉCUYERS DU LIMOUSIN QUI PRIRENT PART
AUX GUERRES SAINTES

Dieu le veut ! Dieu le veut !

PREMIÈRE CROISADE (1096-1145.) — C'est au Concile de Clermont qu'est résolue la première croisade, après les prédications de Pierre l'Ermite, qui raconte les persécutions endurées par les chrétiens, en Orient.

Voici les noms des chevaliers limousins qui accompagnèrent le vieux Raymond, comte de Toulouse : Gothier ou Gouffier de Lastours, seigneur d'Hautefort (Orderic-Vital, musée de Versailles) ; Hélie de Malemort (musée de Versailles) ; Pierre-Bernard de Montagnac ou Montaignac (*Histoire de la Marche*) ; Pierre de Noailles (musée de Versailles) ; Harduin de Saint-Méard (Jean Bealy) ; Raymond Ier, vicomte de Turenne (dom Vaisette) ; Guillaume La Roche-Canillac ; Béchade (Georges).

DEUXIÈME CROISADE 1145-1188. — Louis le Jeune prend la croix à Vézelay. Éléonore, sa femme, le suit. L'armée du roi de France est renforcée par celle de Conrad III, empereur d'Allemagne. C'est à cette époque, dit du Cange, que l'usage des armoiries commence à distinguer les personnes.

Les chevaliers du Limousin qui prirent part à la deuxième croisade sont : Pons de Beynac et Adhémar de Beynac (musée de Versailles et cartulaires de Cadouin) ; Guy IV de Comborn, vicomte de Limoges (musée de Versailles et Geoffroy du Vigeois) ; Pierre de Noailles (Bongears) ; Odon de Saint-Chamans, grand maître du Temple (musée de Versailles) ; Eblés III, vicomte de

Différence de familles aujourd'hui instituées dans la Corrèze descendent des nobles qui ont pris part aux croisades, mais prouvent en cela par les documents prouvé qu'elles n'appartenaient pas alors au Limousin.

Ventadcur (musée de Versailles); Guy de Lastours, Chaunac, La Roche-Canillac (*Hist. du Bas-Limousin*).

TROISIÈME CROISADE (1188-1195). — Jérusalem avait été gouvernée par neuf rois français, et le dernier, Guy de Lusignan, défait à Tibériade (1187), détermina les princes d'Occident à repasser en Asie.

Les chevaliers limousins qui entreprirent cette campagne sont : Géraud de Boysseulh (charte d'Acre, 1191); Geoffroy de Brillac (id.); le vicomte de Chatellerault (Geoffroy Vinisouf); Archambaud VI, vicomte de Comborn (Dom Vaissette); Elie de Cosnac (musée de Versailles); Guillaume de Lostanges (musée de Versailles); Elie de Noailles (charte d'Acre, 1191); Géral de Saint-Chamans (charte d'Acre); Raymond II, vicomte de Turenne (musée de Versailles).

QUATRIÈME CROISADE (1195-1198). — Les chevaliers de France ne participèrent point à cette croisade qui fut entreprise par les princes allemands sous la conduite d'Henri IV.

CINQUIÈME CROISADE (1198-1220). — Foulques de Neuilly prêche une nouvelle croisade et entraine Boniface de Montferrat et Baudouin de Flandres, etc.

Un seul chevalier du Limousin figure dans cette expédition : Geoffroy de Labarrec (musée de Versailles).

SIXIÈME CROISADE (1220-1240). — Le roi de Hongrie et Jean de Brienne s'emparent de Damiette, après la mort de Malek-Adel. — Un grand nombre de Français suivent Thibaut, comte de Champagne.

Ci-dessous, deux noms limousins puisés dans la charte d'Acre et dans Moreri : Raoul de Boysseulh (charte d'Acre 1240); Raimond IV de Turenne (Moreri).

SEPTIÈME CROISADE (1248-1268). — Saint-Louis part pour la croisade, le vendredi après la Pentecôte (1248), avec la reine et ses trois frères.

Listes des chevaliers limousins à la septième croisade : Autoin d'Aixe (charte d'Acre, 1250); Deodat d'Albignac (musée de Versailles); Guillaume Autier et Raoul Autier (musée de Versailles); Guillaume Baudouin (charte d'Acre, 1250); Bochard de Bochard (charte de Damiette, 1249); André de Bonne (musée de Versailles); Hugues de Carbonnières (musée de Versailles); Guillaume de Bonneval (musée de Versailles); Guillaume de Chasain (charte de Damiette, 1249); Sanchon de Corn (musée de Versailles) ; Etienne de Courteix (charte d'Acre, 1250) ; Robert Coustin (musée de Versailles) ; Bernard David (musée de Versailles) ; Egide de Flavignac (charte de Damiette, 1249) ; Hugues de Fontanges (musée de Versailles) ; Adhémar de Gain (musée de Versailles) ; Guillaume de Lacu (charte de Damiette, 1249) ; Pierre de Lasteyrie (musée de Versailles) ; Guillaume de Ligneyrac (charte de Damiette) ; Renaud de Montaignac (charte d'Acre, 1250) ; Hugues de Noailles (Moreri) ; Hugues de Perpezac (charte d'Acre, 1250) ; Amblades de Plaignes (charte de Damiette ; Amblard de Plas (musée de Versailles) ; Geoffroy Roger (charte de Damiette) ; Jean de Saint-Privat (charte de Damiette) ; Guillaume de Ségur et Raimond de Ségur (musée de Versailles et dom Vaissette).

HUITIÈME CROISADE (1268-1270). — Saint-Louis s'embarqua à Aigues-Mortes avec 60,000 hommes.

Nos recherches ne nous ont amené à trouver que le nom suivant dans les documents historiques : Ebles III, vicomte de Ventadour (du Cange).

CROISADE DES ALBIGEOIS. — Le vicomte de Turenne y prit part en qualité de croisé séculier.

GRANDS DIGNITAIRES DU CLERGÉ[1]

—

CARDINAUX.

Laporte (Renaud de), né à Allassac, archevêque de Bourges (1316), cardinal en 1320.

Roger de Beaufort (Pierre), archevêque de Rouen (1330), cardinal (1337), pape sous le nom de Clément VI en 1342.

Roger de Beaufort (Hugues), évêque de Tulle, cardinal en 1342.

Aubert (Étienne), évêque de Clermont et d'Ostie, cardinal en 1342, pape sous le nom d'Innocent VI (1352).

Robert (Bernard), né à Saint-Jal, cardinal en 1342.

La Jugie (Guillaume), de la famille Roger, légat en Castille, cardinal en 1342.

Besse (Nicolas de), évêque de Limoges, cardinal en 1342.

Aigrefeuille (Faydit d'), né à la Molinerie, commune de la ..., cardinal en 1350.

... Pierre, évêque d'Auxerre, cardinal en 1350.

Roger (Nicolas), neveu d'Innocent VI, évêque de ..., cardinal en 1353.

... Pierre de, dit de Montargis, né à Donzenac, ...

... de Saint-Martial, né à l'Église-aux-Bois, cardinal ...

Roger de Beaufort (Jean), archevêque d'Auch, cardinal en 1371, pape sous le nom de Grégoire XI.

... la Sudie (Guillaume), né à Laguenne, évêque de ..., cardinal en 1366.

... Géraud, évêque de Limoges, cardinal en 1371.

... (Pierre de), cardinal en 1371.

—

(1) Cette liste est ...

Cosnac (Bertrand de), évêque de Comminges, cardinal en 1371.

Chanac (Guillaume de), évêque de Chartres, cardinal en 1371.

Verruche (Jean), cardinal (1371).

Fabri (Jean), évêque de Tulle, cardinal (1371).

La Jugie (Pierre de), archevêque de Narbonne, de Rouen, cardinal en 1375.

Chanac (Bertrand de), patriarche de Jérusalem (1382), cardinal (1385).

Lestang (Guillaume de), cardinal en 1444.

Noailles (Louis-Antoine de), archevêque de Paris, cardinal (1659).

Cosnac (Daniel de), évêque de Valence, archevêque d'Aix, cardinal en 1687.

Dubois (Guillaume), archevêque de Cambrai, cardinal en 1721.

AUTRES PRÉLATS.

Chanac (Foulques de), évêque de Paris (1342).

Cosnac (Bertrand de), évêque de Tulle (1370).

Cosnac (Pierre de), évêque de Tulle (1376).

Lagarde (Étienne de), archevêque d'Arles (1350) et de Toulouse (1358).

Lagarde (Guillaume de), archevêque d'Arles (1360).

Ginel (Guillaume de), évêque de Carthage (1340).

Albanac (Guillaume de), évêque de Fréjus (1345).

Fur (Jean de), sous-diacre de Grégoire XI (1375).

Lestang (François de), évêque de Rodez (1529).

Plas (Jean de), évêque de Bazas (1532).

Plas (Annet de), évêque de Bazas (1543).

Selve (Jean-Paul de), évêque de Saint-Flour (1560).

Chemin (Jean du), de Treignac, évêque de Condom (1581).

Decour (Antoine), de Treignac, évêque de Condom (1603).

Lestang (Christophe de), évêque de Lodève, puis de Carcassonne (1603-1621).

Polverel (Pierre de), évêque d'Aleth (1603).

Lestang (Vital de), évêque de Carcassonne (1624).

Lauzeau (Jean de), évêque de Lectoure (1635).

Jovion (Jacques de), né à Treignac, évêque de Chartres.

Pichot de Montaran, évêque de Toul.

Cosnac (Gabriel de), évêque de Die (1701).

Lubersac (J.-B.-Joseph de), évêque de Tréguier, puis de Chartres (1822).

Borie (P.-R.-Ursule), évêque d'Acanthe, martyr, le 24 novembre 1838.

CHARGES ET EMPLOIS EN 1787

GOUVERNEMENT GÉNÉRAL MILITAIRE DU LIMOUSIN.

Le maréchal duc de Fitz-James, gouverneur général ;
— son fils en survivance ;
Le marquis de Cars, chevalier des ordres du Roi, lieutenant-général ;
Le comte Doignon, lieutenant du Roi.

LIEUTENANTS DES MARÉCHAUX DE FRANCE DANS LE BAS-LIMOUSIN.

Le marquis de Seilhac, à Tulle ;
De Laporte de Lissac, à Brive ;
Le vicomte du Verdier, à Uzerche ;
Le comte de Valon, chevalier de Saint-Louis, à Egletons.

CONSEILLERS DU ROI, RAPPORTEUR DU POINT D'HONNEUR.

Durgnat de la Janbertie, à Uzerche ;
Véry de Beaufort, ci-devant gendarme de la garde du Roi, à Brive.
Nota. — Il n'y en a point à Tulle.

MARÉCHAUSSÉE.

Gilbert de Merliac fils, lieutenant-colonel de cavalerie, chevalier de l'ordre royal et militaire de Saint-Louis, prévôt général de la maréchaussée du Limousin.

LIEUTENANCE DE TULLE.

De la Mirande, écuyer, conseiller du Roi, capitaine de cavalerie, lieutenant à Tulle ;

Crozat, lieutenant de cavalerie, sous-lieutenant à Brive.
Boutan, ancien lieutenant de cavalerie, à Meyssac ou à Argentat.

ADMINISTRATION DE LA GÉNÉRALITÉ.

Meulan d'Ablois, intendant.

Subdélégations.

1° Election de Limoges :
Pinaud, avocat au Parlement, à Lubersac.

2° Election de Tulle :
De la Combe, subdélégué à Tulle ;
Decueille, avocat à Treignac ;
Le Coste, à Neuvic ;
Dalmas de la Rebière fils, lieutenant-général de la sénéchaussée, en survivance, à Ussel ;
Poisson, à Meymac ;
Porte de Chassagnac, avocat au Parlement, à Bort ;
Humbert de Sérillac, à Egletons ;
Lachaud de Lamarque, à Argentat.

3° Election de Brive :
De Salagnac de la Bachellerie, à Brive ;
De Gillet, procureur du Roi à la sénéchaussée, à ……… ;
………, capitoul de Toulouse, à Beaulieu ;
……… de Cardonne, conseiller en l'élection, à Juillac ;
………, conseiller doyen au présidial de Brive, à Tu………

BUREAU DES FINANCES DE LIMOGES.

1782. Dupré de Chambon, à Lubersac.

……………

1784. Reix de Pogeat, greffier en chef à Uzerche.

……… DE LA GÉNÉRALITÉ.

……… (233 paroisses ou enclaves).
………, président ; Leyx de ………, lieu-
……………

Conseillers : Broussart, doyen ; Bayle de Lafont, avocat ; Baluze, procureur du Roi ; Lajeunie de Montégoux, greffier en chef.

Président honoraire : Albier de Bellefon. Conseiller honoraire : l'abbé Fraixe.

Brive (90 paroisses et 4 enclaves).

Bousquet, avocat, président ; Rivat lieutenant.

Conseillers : Lachèze, avocat ; Joyet de la Guérenne ; Chavois, procureur du Roi ; Choumeils de Saint-Germain, greffier en chef.

JURIDICTION.

Présidial-sénéchal de Brive.

Ce siége, un des plus anciens de la province, relève du Parlement de Bordeaux. Il a été mis au rang des grandes sénéchaussées par arrêt de cette Cour, le 18 mars 1785. *

Chefs : Maleden de la Bastille, lieutenant général ; Toulzac, lieutenant criminel ; de Vielbans, lieutenant principal et assesseur criminel.

Conseillers : La Treille de Lavarde, doyen ; La Bachélerie de Bonifon, conseiller d'honneur ; Paucher ; Juge de la Ferrière ; Loubriac de La Chapelle ; Maillard de Bellefonds ; Maigne de Sarrazac ; Touzy ; Treillard ; Chiniac des Allieux.

Gens du Roi : Serre ; de Verlhac ; Laroche ; Lavarde, Lacoste ; Laroque.

SÉNÉCHAUSSÉE D'UZERCHE.

1776. De Chiniac, lieutenant-général.
1757. Meynard de Chabannes, lieutenant criminel.
1771. Delort, lieutenant particulier.
1776. Pontier, assesseur criminel.
1746. Besse de la Noaille, conseiller doyen.
1769. Clédat, de Cueille, Mondat de Lavergne, Dessus, gens du Roi.

SÉNÉCHAUSSÉE DE VENTADOUR, A USSEL.

Messire François, comte de Combaret du Gibanel, seigneur de Sarran, la Rebeyrotte et autres places, chevalier de l'ordre royal et militaire de Saint-Louis, aide maréchal des logis des camps et armées du Roi, grand sénéchal, installé le 3 mai 1783.

Messire J.-B. Delmas de la Rebière, écuyer, lieutenant-général civil-criminel et de police.

Messire Antoine Delmas, son fils, écuyer, en survivance.

Pierre de Bonnot de Bay, lieutenant-particulier.

Conseillers : Guillaume Demichel de Saint-Dèzery, Chasteignier et Montlouis.

PRÉVOTÉ ROYALE DE LA VILLE ET VICOMTÉ DE TURENNE.

Maigne, prévôt ; Valen de la Geoffrie, lieutenant civil et criminel ; Laguarrigue, procureur ; Roche, substitut ; Sclafer, greffier en chef, notaire royal, garde-notes de la vicomté.

Gouvernement militaire. — Le vicomte de Philips de Saint-Viance, capitaine de cavalerie, gouverneur du château de la vicomté.

Subdélégué : Latreille de Lavarde.

Hôtel de ville et police. — Sclafer de Channac, maire.

Présidial de Tulle.

De La Praderie, lieutenant général ;

Du Saint-Priest, fils de Saint-Mur, lieutenant général de police ;

Guilbert, du Theil, lieutenant criminel ;

Reynard de la Faurie, assesseur criminel ;

Delmayne de Viane, doyen ; du Bousquet, Ducloux, de la Brorie, Serre de Bazanjour, de Bracona de l'Espai, Teillaud de la Néaille, conseillers ;

Melon de Pradou, avocat du Roi ;

Brival, procureur ;

Vaïs, avocat ;

Cairac, greffier en chef.

LISTE DES GENTILSHOMMES

CONVOQUÉS

A L'ASSEMBLÉE DE LA NOBLESSE DES SÉNÉCHAUSSÉES

DE TULLE, BRIVE ET UZERCHE

POUR L'ÉLECTION AUX ÉTATS-GÉNÉRAUX

DE 1789 (1).

MM. le baron de Lubersac, *grand sénéchal de Tulle*, Fénis de Labrousse, Soulages, Boy de Lacombe, Delzor, Lespinasse de Bournazel, Travassac de Friac, de la Rode de Lamase, de Selve de Chassin, de Sainte-Marie, de Bar, de Veyrières de Laurens, Fénis de Roussillon, de Lastours, chevalier de Lamase, chevalier de Formont, Meynard de Queille, de Gain, baron de Jancen de Peissac, de Poissac, baron de Lentilhac, chevalier de Bouchiat, chevalier de Burs, de Guillaume, Dellor, la Fagerdie de Lapraderie, de Pestel, de Bar de Lachapoulie, Puyhabilier, Donnet de Ségur, Lachapelle de Carman, comte Philine de Saint-Viance, Lagage de Lanteuil, Borderie de Vernéjou, de La Serre, vicomte Valon de Saint-Hyppolite, d'Arche de Vaar, duc d'Ayen, de Mersanlie, Fénis de Tourondel, de Joyet de Maubec, Meynard de Mellet, de la Bachelerie, de Griffolet de Lentillac, Certain de La Cour, de Dienne, de Selve de Saint-Avit, Filets, d'Estresse, marquis de Lasteyrie du Saillant, Lamothe de Quinzon, chevalier de Jancen, Combarel de Gibanel, de Parel, Hugon de Morlias, Fénis de Laprade, Meynard de Maumont, baron de Lenthonye, Renard de Brualy, de Turenne, comte de Lentilhac, Célières, Lenthine, de Chaunac, baron de la Mazica Soursac, comte de Donhet de Moriat, de Veilhac, Maumont (Lavialle du), Fénis de la Feuillade, comte de la Queilla, marquis de Rodorel de Seilhac, marquis de Sendailles, de Courien de Plaignes, Salès, Lespinasse de Péheyre, du Bac de La Chapelle, Combret de Mar-

(1) De Commelles, tome Ier, page 487.

cillac, Labeysseire (Combret de Marcillac), de Bouchiat,
d'Enval, chevalier de Bruchard, Selve de Bity, comte
de Lavaur, de Saint-Pardoux, Dumas de Lamorie, du
Monteil, ténis chevalier de La Prade, marquis de Corn,
du Bac, baron de Féletz, Rodorel chevalier de Seilhac,
Maldent de la Bastide, Milhac, L. de Saint-Bazile, Cou-
rèze de la Colombière (1), de Sahuguet, chevalier de
Labrue, de Laurière, Braquillange, comte de Scorailles,
baron de Bonamy, Lafagerdie de Saint-Germain, baron
de Bellinay, chevalier de Brulys, du Mont de la Fran-
comie, de Soulages fils, de Tayac de la Bachélerie, Lafagerdie de la Peyrière, comte de Boisseuilh, de Gimel,
Lespinat, de Lavialle de la Meillère, Dufaure de Saint-
Martial, de Lastic Saint-Jal, baron de Cosnac, Guille-
min, de Laurens de Puylagarde, chevalier de Guilheaume,
me, de Baluze, comte de Beyssac, chevalier du Bac, de
Chaumareix, de Myrat de Baussat, chevalier de Saint-
Martial, baron du Chaisas de la Borde, baron du Bois
d'Escordal, Toudette de la Balmondières, la Tour de
Fayat, vicomte de Valon, de Laprade, *secrétaire*, Lafagerdie de Saint-Germain, *secrétaire*.

DÉPUTÉS DES TROIS ORDRES DU BAS-LIMOUSIN

AUX ÉTATS-GÉNÉRAUX DE 1789 (2).

Clergé. — MM. Forest de Mamoury, curé d'Ussel. — Il
prêta le serment civique et religieux exigé par la constitution civile du clergé ; il signa toutes les protestations
de la minorité contre les décrets subversifs de la monarchie et contre la constitution politique de 1791.

Thomas, curé de Meymac. — Id., id., id.

Noblesse. — MM. le vicomte de Lapeille, maréchal de
camp. — Siégea et vota avec l'opposition royaliste et
religieuse ; émigra en 1790 ; — commanda la noblesse
d'Auvergne dans l'armée des princes, frères de Louis XVI

et dans celle du prince de Condé ; — mort à Paris en 1810.

Le baron de Poissac, conseiller au Parlement de Bordeaux. — Il protesta contre la fusion des trois ordres en Assemblée nationale, et il donna sa démission après la fameuse séance du Jeu-de-Paume.

Tiers-Etat. — MM. Melon, lieutenant-général de la sénéchaussée de Tulle. — Il signa toutes les protestations de la minorité monarchique ; ensuite il émigra, et, depuis, fut maire de Tulle.

Malès, avocat au Parlement. (Voir le *Dictionnaire des Illustrations de la Corrèze*).

Delort de la Puymalie, lieutenant particulier de la sénéchaussée d'Uzerche.

Ladiéres, lieutenant du maire de Tulle. — Il siégea et vota avec l'opposition monarchique ; — depuis, procureur du Roi à Tulle.

CAPITATIONS NOBLES.

Albier, d'Ambrugeat, d'Anglars, d'Auberty, d'Aubry, Audubert, d'Aulhac, de l'Auzelon.

Baluze, de Bar, Barbier, Bardet, Bardoulat, de Bellefond, de Bellegarde, de Bicheron, de Boisse, Bennot, Bauderie, de Bort, Bonys, de Bosredon, Bouchiat, du Boucheron, de Bouffar, de Bourdeille, Bourguet, de Boussac, de Boussat, Bouysse, Bouzonnie, Boyer, de Bredi, de Brequillange, du Breuil, Brival, Brousseil, de Bure.

De Cassiers, de Chant, de Carillac, de Cayenc, de Cueira, de Chalmet, de la Charlane, de Chassang, Chiaralt, Chaux, Chastang, de Combarel, des Combes, de Combronde, de Courtin, de Corrèze, de Gros, de Gouilla...

...Cher..., Delbesseix, Delcros, Deloy..., ...Dorin, Doret, Delbary, Du...

...de Fayle.
De Labachellerie, de Labatide, de Labesse, de Lagrange, de Lhorde, de Laborie, de Labreuille, de ...rousse, de Lacam, de Lacan, de Lachabane, de Lé..., de Lafaurie, de Lafeuille, Lachaux, de ...de Lacroix, de Lacoutine, Lacroix, de Ca...

mouratille, de Langlade, de Lanoaille, de Lapomélie, Laporte, de Lapiaderie, de Laqueille, de Laqueyrie, de Larebière, de Laribadière, de Lasalle, de La Salvanie, de Laselve, de Lastours, de Lasudrie, de Latour, de Lavareille, de Lavaur, de Lavergne, de Lavialle, de Lavignac, de Laville du Bois, Lemasson, de Lentilhac, de Lespinas, de Lespinasse, de Lespinats, de Levraud, Leyris, de Levrat, de Linars, Loyac.

De Magoutières, de Marbotin, de Margerides, de Masson, de Maumont, Melon, Mensat, de Mérigonde, Métivier, Meynard, Miégemont, de Miermont, de Mirambel, de Monestier, Monnamy, de Montagoux, de Montaignac, de Montal, Muraillac, de Murat.

De Noisières.

De Pébeyre, de Pesteils, de Peyramont, Peyrat, de Peyrusse, de Pierrefitte, Plaisant, de Planches, de Plazanet, Ponte, du Prach, de Pradou, de Pras, du Prat, Puyhabilier, de Puygramont, de Puylagarde, de Puymaret.

De Rabanide, de la Rebuffie, des Renaudes, de Reynac, de Rochefort.

De Saint-Bazile, de Saint-Beauvire, de Saint-Chamans, de Saint-Félix, de Saint-Germain, de Saint-Hippolyte, de Saint-Mexant, de Saint-Marsault, de Saint-Martial, de Saint-Mûr, de Saint-Priest, de Saint-Viance, de Sainte-Fortunade, Sarrain, de Sarrazin, de Sartiges, de Sédières, du Sirieix, de Soudeilles, de Soubrie, Souvies, de Sourac, Soubos de la Tueyrie.

De Tarnac, Teyssier, de Tourdonnet, de Tournemire.

De Vaur, de Vernéjoux, de Veyrières, de Veaux, de Viane, Vigier, de Villeneuve.

———

ÉLECTION DE BRIVE (1789).

Algay de Villeneuve, Allouveau de Montréal, d'Almay, Amédée, d'Anglars, d'Anteroche, d'Antignac, d'Artige, d'Arsis, d'Aubertie, d'Aubary, d'Aurussac.

Bachélerie, Bachélerie de Bonnafond, de Bar, Bar de la Chapelle, de Beauvoir, Besse, du Breuil, de Beyssac, de Bigeardel, de Blanat, de Boissoudy, de Bochiat, de Bournazel, Boyer, de Braquillanges, Bricq. des Brulis, Burguet, Burguet de la Joubertie.

Calvimont de Saint-Martial, de Carman, Certain de la Coste, de la Chabane, Chabrignac du Breuil, Chabrignac de la Jante, de la Chabroulie, du Chalard, Chamaillard, du Chambon, de la Chapoulie, Chassagnac, de Chassaigne, de Chaufaille, de Chaumareix, Chaumeil, de Chaumont, de Chaunac, Chavois, Chevalier, de Chiniat, Cérou, de Clédat, Clédat de la Vigerie, de Corn du Peyroux, de Cosnac, de Couzage.

Dalmay, Darche de Vaur, Defieux, Delpeuch, Désailleux de la Bastide, de Dienne, Donnet de Ségur, Dubiderant, Dubois, Dubois de la Chabroulie, Dubois de Saint-Hilaire, Dubousquet, Duchambon, Duchamp de la Geneste, Dufort d'Olinay, Dulmet de Blanar, Dulmet de la Serre, Dumont, Dupuy de Dienne, Dupuy de Monteil, Duteil, Duverdier.

D'Enval, d'Estresse.

Du Fau, Faurie, Feletz d'Orimond, de Flaumond, de Friac.

De la Geneste, Geouffre d'Aurussac, Gignet de Meilhac, de Gilibert, de Gimel, du Grandluc, du Griffolet, Griffolet de Lentillac, Guillemy de Chassaigne, Guillemy de Chaumont.

Des Hors.

De la Jaline, de la Jante, de la Jarousse, Joyet de la Guiranne.

De La Bastide, de La Chapelle, La Chapelle de Carman, Le Chien, de La Coste, de Laferrière, de Lafeuillade, de Laffolie, Lafon du Fau, Lagarde d'Aubertie, de Lagraud, de Lamaur, de Lameillère, de Lamordie, Lamotte, Lancade, Laporte de Lissac, de Lapraderie, Laramade de Friac, de Lasseymondie, de Larivière, de la Roche, La Roche d'Anssou, La Roche de Fignat, de Larue, de Lasseyrie, Latreille de Lavarde, du Larrun, de Lavreille, de Lavaur, de Lavergne, de Levialle, de Lentillac, de Létang, de Ligneroux, de Lissac, de Larue.

Laigne de Serizac, Maillard de Bellefond, Maleden de la Chabane, Maleden d'Enval, Malepeyre, Mallet de la ..., Mallet de la Vigerie, Manet, Martinie, du Massaneuf, de la ..., Massac de Saignac, de la Méchaussie, de ..., de Meilhac, Meilhac de Saunerie, de ..., Mestre de Méru, Métivier, Maynard de la Chapelle, Meynière d'Artois, Miramont de Chatebec, de Montault de Montchenil, Montaunet, du Monteil, de Montréal.

De Négrevergne, Noiret.

D'Orimond.

Parel de Lavaux, Pascher, Pasquet de la Roche, Pasquet de Saint-Mesmin, Perrier, de Peyrissac, du Peyroux, Planchard, de Plas, Plas de Bournazel, de Pleissac, du Ponteil, Pouneau, Pradel, de Puymalier, de Puymaret.

De la Renaudie, du Rieupeyroux, Rivet, de la Roche, de la Roche-Aymon, de la Rode, de Roffy, Roux de la Jarousse, de Royère, du Rozat.

Sahuguet de la Roche, de Saillac, du Saillant, de Saint-Hilaire, de Saint-Julien, de Saint-Martial, de Saint-Mesmin, de Saint-Pardoux, de Sainte-Marie, de Salagnac, de Salès, Salviat, Sapientis, de Sarette, de Sauvebœuf, de Savignac, de Sclafer de Chaunac, Sclafer de la Rode, de Ségur, de Seilhac, de la Selve, Serre, de la Serre.

Tardy, de Tebiefond, du Temple, de Toulzac, Touron, de Trémontel, Toury, Treillard.

Le Vieux, du Verdier, de Verlhac, de Veyrières, de Villaret, de la Vigerie, Vilhac de Beauroire, Villemonteix de la Rode.

TITRES DE FAMILLE

DÉPOSÉS AUX ARCHIVES DU DÉPARTEMENT DE LA CORRÈZE (1)

1707-1782 — ? Sablier, 11 pièces.
1577-1639 — Antignac, 63 pièces.
1640-1749 — Id., 95 pièces.
1636-1687 — Aubusson, 5 pièces.
1633-1763 — Baluze, 7 pièces.
1677-1689 — Bar, 3 pièces.
1669-1688 — Id., 5 pièces.
1739-1766 — Id., ? pièces.

1735 et 1750-1791, 1539-1785 — Cosnac, 2 registres,
            29 papiers, 1 parchemin.
1597-1670 — Dambert, 20 pièces.
1677-1786 — Darche, 8 pièces.
1750-1792 —   Id.,   1 registre.
1587   — Darluc, 1 pièce.
1773   — David, 1 pièce.
1597-1789 — Decoux, 121 pièces.
1763-1788 — Debeaune, 10 pièces.
1746   — Defieux, 1 pièce.
1505-1782 — Degain, 21 pièces.
1694-1783 — Delmas, 2 pièces.
1789   — Delpeyron, 1 pièce.
17..-17.. — Deyrac, 11 pièces.
1757-17.. — Dubac, 23 pièces.
17..-17.. — Dubois, 12 pièces.
17..-17.. — Dubournet, 11 pièces.
1..-1791 — Dutreuil, 2. pièces.
17..-17.. — Dufaure, 20 pièces.
1..-1791 — Dugarreau, 3 pièces.
1..-1810 — Dogriffollet, 2 pièces.
17..-17.. — Dumas, 3 pièces.
17..-17.. —   Id.,   4 pièces.
1773-17.. —   Id.,   10 pièces.
1774-1777 —   Id.,   22 pièces.
1611-1702 —   Id.,   4 pièces.
1760-1789 — Dupuy, 9 pièces.
1778-1783 — Durand, 16 pièces.
1681   — Dufreysse, 1 pièce.
16..-1715 — Fauçon, 36 pièces.
1700-1714 — Foy, 1 registre.
1757   —   Id., 1 registre.
1773   —   Id., 1 registre.
17..-17.. — Frères, 1 registre, 201 pièces.
17..-18.. — Finis, 3 pièces.
17..-1710 — Fontgrebin, 3 pièces.
17..   — Fontanges, 12 pièces.
1760-1765 — Geoffre, 6 pièces.
1757-1789 — Gignac, 40 pièces.
1776-1788 — Ginest, 2 pièces.
17..-1789 — Grech, 32 pièces.
1751   — Harcourt, 1 pièce.
17..-1785 — Hugon, 4 pièces.
17..-1789 — Jaucen, 15 pièces.
17..-1791 — Jousaineau, 124 pièces.
1791   — Lachapelle, 1 pièce.
17..-18.. — Lachaulx, 14 pièces.

www.ingramcontent.com/pod-product-compliance
Lightning Source LLC
Chambersburg PA
CBHW072230270326
41930CB00010B/2066